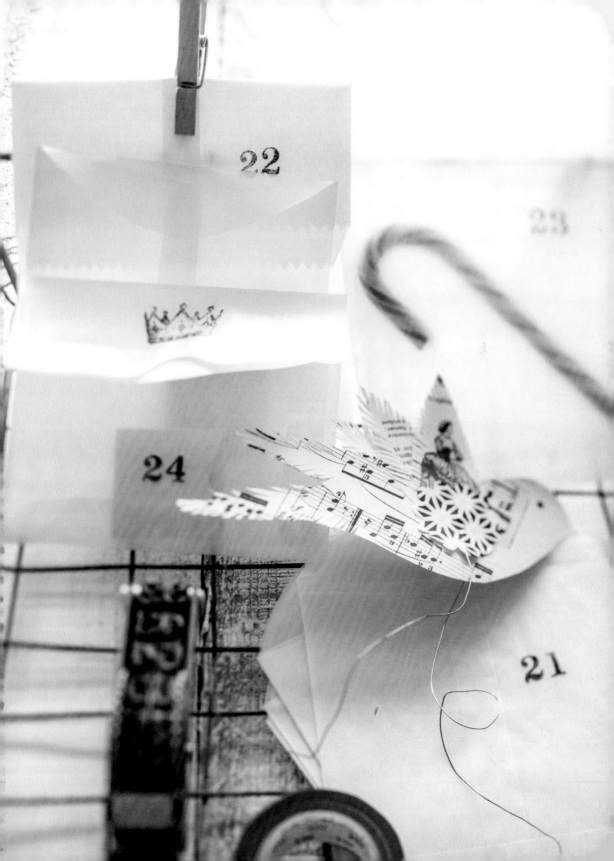

**Catalogage avant publication
de Bibliothèque et Archives nationales du Québec
et Bibliothèque et Archives Canada**
Di Stasio, Josée
Le carnet rouge : notes pour les temps de fête
Comprend un index.
ISBN 978-2-89077-536-7
1. Cuisine des jours de fête.
2. Livres de cuisine.   I. Skoltz, Dominique T.   II. Titre.
TX739.D57 2013   641.5'68   C2013-941668-4

Du même auteur
À la di Stasio, Josée di Stasio, photos Louise Savoie, 2004.
PASTA ET CETERA à la di Stasio, Josée di Stasio,
photos Jean Longpré, 2007.
À la di Stasio 3, Josée di Stasio, photos Jean Longpré, 2011.

À la di Stasio, c'est aussi une émission de télévision
animée par Josée di Stasio, diffusée à Télé-Québec et
produite par Zone3.

Merci à Susan Feniger et Mary Sue Milliken de nous
avoir laissé adapter leur recette *Pistachio and Cherry
Mexican Wedding Cakes* / Biscuits canneberges et
pistaches (p. 126) publiée dans la revue *Bon Appétit*.

Design orangetango
Photos Dominique T Skoltz
Assistant en cuisine Blake Mackay
Stylisme culinaire Denyse Roussin
Assistante-styliste culinaire Stéphanie Tremblay
Ambiances Josée di Stasio et Dominique T Skoltz

ISBN 978-2-89077-536-7
Dépôt légal : 4ᵉ trimestre 2013
Cet ouvrage a été imprimé par l'imprimerie Friesens
au Manitoba, Canada.

www.flammarion.qc.ca

JOSéE DI STASIO

PHOTOS DE
DOMINIQUE
T SKOLTZ

NOTES
POUR LES TEMPS
DE FÊTE

LE CARNET
ROUGE

Flammarion
Québec

Pour Louise, Laura et Cécile

Habituellement, ça commence par une recette.   Cette fois, c'est une couleur. Celle de mon vieil agenda que j'aimais tant et qui m'a donné cette envie de rouge. Ensuite, l'inspiration est venue d'un livre de cuisine vénitienne, bel objet sensuel aux coins arrondis, sobre, maniable. Puis de ce papier décoratif florentin aux motifs écarlates. J'ai pensé : «Ce serait beau pour tapisser une couverture.» La couverture de quoi ?   Un livre ? Non, un carnet.   Celui-ci serait rouge. Comme mon agenda. Comme les joues d'amis venus du froid autour d'une tablée improvisée pour partager, en toute simplicité, apéros, gourmandises et plein de cadeaux à boire et à manger.   Rouge comme la braise d'un feu pour soi tout seul. Comme la petite laine qu'on adore, le cocon parfait pour se plonger dans l'intégrale d'Hitchcock jusqu'à finir par se demander : «On est quel jour, déjà ?» en regardant tomber les flocons. Un cahier de bord avec des recettes nouvelles ou éprouvées, des plats préparés à l'avance pour ces moments où le temps n'existe plus : petits-déjeuners tard le matin ou tôt l'après-midi, envies de biscottis, de chocolat chaud, de popcorn parfumé, de thé... On y trouverait des tas d'idées pour mitonner des surprises joliment emballées pour la famille et s'inventer des rituels tout neufs pour célébrer autrement, sans cérémonie.   Dans ce carnet rouge, il y aurait, en somme, tout ce qu'il faut pour réchauffer un peu l'hiver et passer les Fêtes à l'abri de la tempête. Alors je l'offrirais à mes amis et aux amis de mes amis. Puis, d'amis en amis, il finirait peut-être, on ne sait jamais, par trouver son chemin jusqu'à vous.

PRENDRE
L'APéRO

Racha Bassoul m'avait offert ce magnifique mélange de noix et de fruits secs en cadeau. Comme tout ce qu'elle touche en cuisine, c'est préparé avec doigté.

PARTY MIX DE
RACHA

ENVIRON 2 L (8 TASSES)
- 1 c. à soupe de curry de Madras
- 1 c. à soupe de sucre
- 1 c. à soupe de sel
- ½ c. à thé de piment de Cayenne, d'Espelette ou d'Alep, au goût
- 80 ml (⅓ tasse) d'huile d'olive
- 500 ml (2 tasses) d'amandes nature
- 500 ml (2 tasses) de noix de cajou blanchies
- 500 ml (2 tasses) de pistaches crues
- 250 ml (1 tasse) d'abricots secs en 2 ou 3
- 125 à 160 ml (½ à ⅔ tasse) de canneberges séchées

Préchauffer le four à 180 °C (350 °F).

—

Dans un bol, mélanger le curry, le sucre, le sel et le piment choisi. Ajouter l'huile et brasser pour rendre le mélange homogène. Mélanger chaque variété de noix avec une portion de l'huile épicée de manière à bien les enrober.

—

Tapisser 3 plaques de papier parchemin. Déposer chaque variété de noix sur une plaque, car elles requièrent des temps de cuisson différents.

—

Rôtir au four les amandes, les noix de cajou de 8 à 10 min et les pistaches de 5 à 6 min.

—

Aussitôt sorties du four, mélanger les noix avec les fruits. Vérifier l'assaisonnement. Laisser refroidir.

Succès assuré à l'apéro.
Si jamais le petit chou n'était pas parfait,
il resterait assurément délicieux.

GOUGèRES

40 À 50 GOUGÈRES
- 250 ml (1 tasse) d'eau
- 125 ml (½ tasse) de beurre
- 1 c. à thé de sucre
- ¾ c. à thé de sel
- 125 ml (½ tasse) d'oignons verts
  hachés très finement
- 2 c. à soupe de moutarde de Dijon
- 250 ml (1 tasse) de farine
- 4 œufs
- 250 ml (1 tasse) de gruyère
  ou 180 ml (¾ tasse) de gruyère
  et 60 ml (¼ tasse) de parmesan
  ou 250 ml (1 tasse) de cheddar, râpés
- 1 jaune d'œuf pour la dorure (facultatif)

GARNITURES (FACULTATIF)
- Graines de sésame, d'oignon
  ou de pavot
- Nigelle
- Parmesan ou pecorino râpés

Préchauffer le four à 190 °C (375 °F).

—

Beurrer ou tapisser deux plaques de
30 x 41 cm (12 x 16 po) de papier parchemin.

—

Dans une casserole, amener doucement
à ébullition l'eau, le beurre, le sucre, le sel,
l'oignon vert et la moutarde.

Retirer du feu et ajouter la farine d'un coup.
Remettre la casserole, à feu moyen, et brasser
de 5 à 8 min jusqu'à ce que la pâte forme une
boule et se détache des parois de la casserole.
(Plus la pâte est sèche, mieux elle absorbera
les œufs.)

—

Transférer la pâte dans un bol et, à l'aide
d'une cuillère en bois, battre pour la tiédir.
On peut faire cette opération au malaxeur
avec le fouet plat, à vitesse lente, ou au robot
culinaire avec la lame à pétrir.

—

Incorporer les œufs un à un en battant
entre chaque addition. (La pâte devient
lustrée.) Ajouter le fromage. Laisser reposer
quelques minutes.

—

À l'aide d'une poche à pâtisserie ou de
deux petites cuillères, former des petites
boules d'environ 4 cm (1 ½ po) de diamètre.
Les disposer sur la plaque.

—

Si désiré, fouetter le jaune d'œuf avec
un peu d'eau et badigeonner le dessus
des gougères (pas les côtés, car cela les
empêcherait de monter), puis parsemer
de graines ou de fromage.

—

Cuire au four de 25 à 30 min.
Servir les gougères chaudes ou tièdes.

—

Conservation : On peut congeler et
réchauffer sans dégeler, à 180 °C (350 °F),
5 min avant de servir.

Toujours prêt pour un apéro avec ces délicieux biscuits qui se conservent plusieurs jours. Aussi bons avec des bulles qu'avec votre vin préféré. Le goût du parmesan + du crounche = impossible d'y résister !

BISCOTTIS AU PARMESAN

48 BISCUITS
- 310 ml (1 ¼ tasse) de farine
- 1 ½ c. à thé de poudre à pâte
- ½ c. à thé de sel
- ¼ c. à thé de poivre du moulin
- 125 ml (½ tasse) de beurre à température ambiante
- 4 c. à thé de sucre
- 3 œufs
- 250 ml (1 tasse) de parmesan, de grana padano ou de pecorino, râpés
- 60 ml (¼ tasse) d'olives noires séchées au soleil ou infornata, épongées, hachées ou 125 ml (½ tasse) d'amandes effilées ou en bâtonnets légèrement rôties (facultatif)

Dans un bol, mélanger la farine, la poudre à pâte, le sel et le poivre.

—

Dans un autre bol, à l'aide d'un batteur électrique ou d'une cuillère en bois, battre le beurre et le sucre jusqu'à l'obtention d'un mélange crémeux. Ajouter les œufs et mélanger vigoureusement.

—

À l'aide d'une cuillère en bois, incorporer le fromage et les olives si désiré. Ajouter les ingrédients secs, sans trop brasser.

Diviser la pâte en parts égales. Placer sur une pellicule plastique.

—

Former deux rouleaux d'environ 30 cm (12 po) de long et 2,5 cm (1 po) de diamètre. Envelopper de pellicule plastique et réfrigérer au moins 30 min.

—

Préchauffer le four à 180 °C (350 °F). Placer la grille au centre du four.

—

Tapisser une plaque de papier parchemin ou d'une feuille de silicone ou utiliser une plaque antiadhésive. Déposer les rouleaux, aplatir légèrement le dessus et enfourner.

—

Retirer du four après 30 min et, à l'aide d'un couteau à pain, tailler en diagonale des tranches de 1,5 cm (½ po). Disposer les biscottis côté coupé sur la plaque.

—

Cuire au four 15 min, retourner les biscottis et poursuivre la cuisson 7 min ou jusqu'à ce que les biscuits soient dorés et craquants.

—

Conserver dans une boîte métallique. Si, au moment de servir, ils ne sont plus assez secs, les passer au four quelques minutes.

BLINIS
GRAVLAX &
COMPAGNIE

Au brunch, en entrée ou simplement en cours de soirée, disposez sur la table du gravlax (ou du saumon fumé) et une pile de blinis. Ajoutez une ou plusieurs sauces et tout plein de garnitures pour que chacun se serve à volonté. Pour les garnitures, c'est au goût. Proposez des œufs de poisson, des câpres, de la ciboulette ou de l'échalote française hachées finement, des oignons rouges marinés (p. 68), des concombres à l'indienne (p. 22), du tzatziki, des quartiers de citron ou de lime. Pour une version sans gluten, remplacez les blinis par des feuilles d'endive ou préparez ces petites crêpes avec de la farine de sarrasin.

BLINIS

36 PETITES CRÊPES

· 250 ml (1 tasse) de farine ou
  de farine de sarrasin
· 1 c. à thé de poudre à pâte
· ¼ c. à thé de bicarbonate de soude
· ¼ c. à thé de sel
· 1 c. à thé de sucre
· 1 œuf légèrement battu
· 250 ml (1 tasse) de lait ou de babeurre
· 1 c. à soupe de beurre fondu
· 1 petit carré de beurre pour la cuisson

Dans un bol, mélanger les ingrédients secs. Ajouter les ingrédients liquides et fouetter jusqu'à l'obtention d'une pâte homogène de consistance assez épaisse. Laisser reposer 5 min.

—

Chauffer une poêle à feu moyen. Placer un carré de beurre sur un papier absorbant, refermer et passer dans la poêle.

Si la pâte est trop épaisse, détendre avec un peu de lait ou de babeurre avant d'en verser une généreuse cuillerée dans la poêle. Avec le dos de la cuillère, arrondir le contour. (En cuire plusieurs en même temps.) Lorsque des trous apparaissent en surface et que le dessous est doré, retourner pour colorer l'autre côté. Les déposer dans une assiette. Cuire ainsi toute la pâte en beurrant la poêle entre chaque cuisson.

—

Conservation : On peut cuire les blinis à l'avance et les garder au congélateur 1 mois.

VARIANTE

Couper de l'oignon vert en julienne et en parsemer les blinis au moment de les retourner à mi-cuisson.

GRAVLAX

8 PORTIONS EN APÉRO

· 1 ½ c. à soupe de cassonade
  ou de sucre
· 1 ½ c. à soupe de gros sel
· 500 g (1 lb) de saumon dans la partie
  épaisse, sans arêtes, sans la peau
· Poivre du moulin

Dans un petit bol, mélanger la cassonade, le sel et les aromates de la version choisie.
—

Étendre un grand morceau de pellicule plastique sur un plan de travail. Mettre la moitié du mélange au centre de la pellicule et placer le saumon par-dessus en s'assurant que toute sa surface repose bien sur le mélange. Étaler le reste sur le dessus du saumon pour bien le couvrir.

Refermer la pellicule plastique sur le poisson. Transférer dans un plat creux en verre ou en céramique et placer directement sur le saumon un autre plat ou une assiette. Superposer un poids (une conserve ou une casserole en fonte, par exemple). Laisser macérer 24 h au réfrigérateur en retournant après 12 h.
—

Sortir le saumon et gratter la croûte d'épices. Rincer à l'eau froide et sécher rapidement avec du papier absorbant.
—

Si désiré, au service, poivrer et ajouter la garniture de la version choisie, avant de tailler en tranches minces. Servir avec la sauce de Mehdi (p. 22), la sauce yogourt et herbes (p. 22) ou celle de votre choix.

VERSION AUX ÉPICES

· ⅛ c. à thé de clou de girofle moulu
· ¼ c. à thé de cannelle
· 1 c. à soupe de grains de poivre
  moulus grossièrement
· 1 gousse d'ail hachée finement

VERSION À LA MENTHE

· 250 ml (1 tasse) de menthe
  hachée grossièrement
· Garniture : menthe hachée finement
  (facultatif)

VERSION CORIANDRE ET AGRUMES

· 3 à 4 c. à soupe de graines de coriandre
  écrasées
· 1 à 2 c. à thé de grains de poivre
  moulus grossièrement
· 2 c. à soupe de zeste de citron
  ou de lime râpé
· 1 c. à soupe de zeste d'orange râpé
· Garniture : zeste de citron ou
  de lime râpé finement (facultatif)

SAUCE DE MEHDI

250 ML (1 TASSE)
· 180 ml (¾ tasse) de crème sure
· 1 c. à soupe de miso
· 1 zeste de lime finement râpé
· Sel et poivre du moulin

Dans un petit bol, mélanger la crème sure, le miso et le zeste. Goûter, saler et poivrer.

Souvenir de mon tournage à New York avec Mehdi Brunet-Benkritly.

SAUCE YOGOURT ET HERBES

375 ML (1 ½ TASSE)
· 250 ml (1 tasse) de yogourt nature
· 60 à 80 ml (¼ à ⅓ tasse) de crème 35 %
· 3 c. à soupe de menthe, de ciboulette,
  d'aneth ou de basilic, hachés finement
· Sel et poivre du moulin

GARNITURES (FACULTATIF)
· Herbes ciselées
· Graines de grenade (p. 45)
· Paprika ou piment

Dans une passoire tapissée de papier absorbant, verser le yogourt et laisser égoutter au réfrigérateur 4 h ou une nuit.
—
Transvider le yogourt égoutté dans un bol, verser suffisamment de crème en mélangeant pour obtenir une consistance onctueuse. Ajouter l'herbe choisie ou un mélange d'herbes et assaisonner. Garnir si désiré.

CONCOMBRES À L'INDIENNE

· 1 l (4 tasses) de concombres libanais
  en tranches ou en tronçons ou
  de concombres anglais coupés en 2,
  épépinés et en tronçons
· ½ c. à thé de sel
· Piment d'Alep, d'Espelette ou de Cayenne
· 1 c. à soupe de jus de citron
· 2 c. à soupe de menthe hachée

Dans un bol, mélanger les ingrédients, goûter et rectifier l'assaisonnement. Servir immédiatement.

Une focaccia toute belle pour accompagner les fromages, les pâtés ou les charcuteries. Servie tiède, c'est encore mieux !

FOCACCIA
AUX
CANNEBERGES

- 1 boule de pâte à pizza surgelée ou fraîche de 500 g (1 lb)
- Huile d'olive
- 80 ml (⅓ tasse) de canneberges séchées, hachées
- 2 c. à soupe de romarin haché finement
- 60 ml (¼ tasse) de pignons (facultatif)
- Sel de Maldon, fleur de sel ou sel

Mettre la pâte à pizza huilée dans un bol et couvrir d'un linge humide. Laisser décongeler à température ambiante environ 6 h.

—

Une fois la pâte levée, transférer sur une surface farinée. À l'aide d'un rouleau à pâtisserie, abaisser pour obtenir un rectangle de 30 x 38 cm (12 x 15 po) ou deux de 15 x 25 cm (6 x 10 po). Parsemer la pâte des deux tiers des canneberges et du romarin. Presser pour bien enfoncer les morceaux dans la pâte.

Plier la pâte en deux. Rouler de nouveau pour obtenir une forme plus ou moins rectangulaire.

—

Déposer sur une plaque huilée et couvrir d'un linge propre ou de pellicule plastique. Laisser lever la pâte 1 h ou jusqu'à ce qu'elle soit bien gonflée.

—

Préchauffer le four à 190 °C (375 °F).

—

Badigeonner d'huile. Parsemer du reste des canneberges, du romarin, des pignons si désiré et du sel.

—

Cuire 20 min jusqu'à ce que la pâte soit bien dorée.

CAKE
JAMBON
ET OLIVES

C'est Mariette, une amie de la famille, qui m'a donné cette recette. Après des débuts remarqués à l'apéro, ce cake s'est mis à accompagner mes soupes et il a fait son chemin jusqu'à la table de brunch, tartiné de fromage.

· 4 œufs
· 160 ml (⅔ tasse) de vin blanc sec
· 160 ml (⅔ tasse) d'huile d'olive
· 2 à 3 c. à soupe de moutarde de Dijon
· 625 ml (2 ½ tasses) de farine
· 2 c. à thé de poudre à pâte
· 1 c. à thé de sel
· 250 ml (1 tasse) de jambon en dés
· 250 ml (1 tasse) d'olives vertes ou noires hachées
· 250 ml (1 tasse) de gruyère râpé

Préchauffer le four à 200 °C (400 °F). Beurrer ou huiler et fariner 2 moules à pain de 8 x 20 cm (3 x 8 po).

—

Dans un bol, fouetter légèrement les œufs. Ajouter le vin, l'huile et la moutarde. Mélanger à l'aide d'une cuillère en bois. Puis, incorporer la farine, la poudre à pâte, le sel et terminer avec le jambon, les olives et le gruyère.

—

Partager la pâte dans les 2 moules. Cuire de 30 à 40 min au centre du four. Le cake est prêt lorsque la pointe d'un couteau insérée au centre en ressort propre.

—

Au service, tailler des cubes et déguster avec du bon vin.

—

Note : Si on choisit de le préparer dans un seul grand moule à pain, la cuisson est de 45 min.

Une authentique recette d'Alep que m'a gentiment confiée Mme Karazivan. Avant le repas en tartinade, c'est exquis ; avec des légumes rôtis, du poisson ou dans un sandwich, c'est superbe (et vice versa)...

TARTINADE
POIVRONS ET NOIX
(MUHAMMARA)

1,25 L (5 TASSES)
- 310 ml (1 ¼ tasse) de chapelure
- 180 ml (¾ tasse) d'huile d'olive
- 6 gros poivrons rouges rôtis, pelés, épépinés (p. 152)
- 250 ml (1 tasse) de noix de Grenoble
- 80 ml (⅓ tasse) de jus de citron
- 2 c. à thé de sucre
- ¾ c. à thé de cumin moulu
- 1 c. à soupe de mélasse de grenade*
- 1 c. à soupe, au goût, de piment d'Alep ou autre
- Sel et poivre du moulin
- *La mélasse de grenade se trouve dans les épiceries moyen-orientales, dans certains supermarchés et les épiceries fines.*

GARNITURE (FACULTATIF)
- Noix de Grenoble hachées

Dans une poêle, à feu moyen, faire griller légèrement la chapelure, 3 ou 4 min. Transférer dans le bol du robot culinaire. Verser l'huile et mélanger jusqu'à ce que la chapelure ait absorbé l'huile. Transvider dans un bol.

—

Mettre les poivrons et les noix dans le bol du robot culinaire et réduire en purée grossière. Transvider dans le bol avec la chapelure et incorporer le reste des ingrédients. Rectifier l'assaisonnement si nécessaire avec un peu de jus de citron et des épices.

—

Laisser reposer 24 h au réfrigérateur.

—

Servir à température ambiante, saupoudrée de noix de Grenoble si désiré, avec des craquelins, des pains pitas frais ou grillés (p. 151).

Un autre vrai délice du chef Jacques Robert.
Tout le monde fond pour cette mousse suave,
toute en douceur et en finesse.

MOUSSE
DE RIS DE VEAU

1 L (4 TASSES)
· 500 g (1 lb) de ris de veau
· 1 oignon moyen haché grossièrement
· 125 ml (½ tasse) de porto blanc ou
  de cidre de glace
· 1 c. à soupe de jus de citron
· 375 ml (1 ½ tasse) de beurre salé froid,
  en dés
· Sel et poivre du moulin

Couper les ris en morceaux. Mettre dans
une casserole et couvrir d'eau froide salée.
Porter à ébullition et retirer du feu. Rincer
les ris sous l'eau froide et les éponger avec
du papier absorbant. Laisser tiédir. Enlever
la membrane, les vaisseaux sanguins visibles
et la graisse.

Préchauffer le four à 180 °C (350 °F).
Déposer les ris, l'oignon et le porto dans un
plat en pyrex. Saler et poivrer. Couvrir de
papier d'aluminium et cuire au four 45 min.
Retirer du four, découvrir et laisser tiédir
15 min.

—

Transvider dans le bol du robot culinaire.
Ajouter le jus de citron et réduire en purée.
En actionnant l'appareil, incorporer peu
à peu le beurre jusqu'à l'obtention d'une
consistance lisse et homogène. Rectifier
l'assaisonnement. Si désiré, passer au tamis.

—

Remplir de mousse une ou plusieurs terrines
ou des ramequins. Réfrigérer 12 h pour
un grand récipient, ou de 5 à 6 h pour les
plus petits, avant de servir avec des feuilles
d'endive, du pain brioché ou des croûtons.

MOUSSE
DE
MORTADELLE

Premier mot : simplissime.
Deuxième mot : savoureux...

625 ML (2 ½ TASSES)
- 285 g (10 oz) de mortadelle
- 125 ml (½ tasse) de ricotta
- 125 ml (½ tasse) de parmesan ou
  de grana padano, râpés
- 60 ml (¼ tasse) de crème 35 %
- Noix de muscade râpée (facultatif)
- Poivre du moulin

GARNITURE (FACULTATIF)
- Pistaches hachées ou
  en bâtonnets

Couper la mortadelle en cubes et mettre dans le bol du robot culinaire. Broyer par touches successives. Ajouter la ricotta, le parmesan, et actionner de nouveau. À l'aide d'une spatule, racler et ajouter la crème, la muscade si désiré et le poivre. Actionner l'appareil jusqu'à l'obtention d'un mélange onctueux qui se tartine bien.

—

Transférer dans un bol et garnir de pistaches si désiré.

—

Servir avec des croûtons, des ciabattas ou une pizza blanche en morceaux. Préparer une assiette de crudités : olives, céleri, fenouil...

Marie-Fleur St-Pierre, chef du Tapeo, a eu la
très bonne idée d'« espagnoliser » ses cretons.
J'ai trouvé ça inspirant.

CRETONS DE
CHORIZO

1,25 L (5 TASSES)

- 500 g (1 lb) de chorizo cuit
- 2 c. à soupe d'huile d'olive
- 500 ml (2 tasses) d'oignons hachés finement
- 1 c. à thé de piment de la Jamaïque
- 500 g (1 lb) de porc haché
- 500 ml (2 tasses) d'eau
- 1 ½ c. à thé de thym séché
- 80 ml (⅓ tasse) de chapelure
- Persil italien haché (facultatif)
- Sel et poivre du moulin

Couper le chorizo en morceaux et retirer la
membrane. Mettre la chair dans le bol du
robot culinaire et, par touches successives,
actionner l'appareil jusqu'à ce que la viande
soit hachée finement.

—

Dans une grande casserole, chauffer l'huile
à feu moyen et faire revenir l'oignon de
3 à 4 min jusqu'à ce qu'il soit transparent.

Incorporer le piment de la Jamaïque. Ajouter
le chorizo et le porc haché. Bien défaire la
viande et cuire 5 min jusqu'à ce que le porc
soit cuit.

—

Ajouter l'eau, le thym, la chapelure, le sel (en
tenant compte du chorizo qui est salé) et le
poivre. Cuire à feu doux, à mi-couvert, de 45
à 60 min en remuant régulièrement jusqu'à
ce que le liquide se soit évaporé. Quelques
minutes avant la fin de la cuisson, incorporer
le persil si désiré et goûter pour rectifier le
sel, si nécessaire.

—

Répartir dans de petits plats ou des
ramequins et laisser tiédir. Réfrigérer
jusqu'au moment de servir avec un bon pain,
des toasts, des croûtons, des craquelins ou
des biscottes, accompagnés de moutarde de
Dijon ou d'oignons rouges marinés (p. 68)
si désiré.

En bouchées, en entrée ou au brunch,
ce plat très années 50 a toujours la cote.

FESTIVAL DES ŒUFS FARCIS

24 BOUCHÉES
- 12 œufs
- 4 à 5 c. à soupe de mayonnaise
- 2 à 3 c. à thé de moutarde de Dijon
- Sel et poivre du moulin

PARFUMS, AU CHOIX
- Cornichons : 9 petits cornichons hachés finement, poivre du moulin et une garniture, au choix
- Curry : 1 c. à soupe de curry de Madras, 12 feuilles de basilic ou plein de ciboulette ciselée, poivre du moulin et une garniture, au choix
- Thon : 1 boîte de 170 g ou 2 petites de thon, sauce piquante et parsemer d'olives noires hachées
- Dukkah (p. 146) : en ajouter 4 c. à soupe aux jaunes d'œufs et parsemer généreusement au service

GARNITURES, AU CHOIX
- Herbes et jeunes pousses
- Pancetta ou bacon cuits et émiettés
- Paprika
- Piment d'Espelette ou d'Alep
- Curcuma et curry de Madras
- Dukkah

Dans une casserole, couvrir les œufs d'au moins 2,5 cm (1 po) d'eau froide. Porter à ébullition, réduire le feu et laisser frémir 9 min.

—

Refroidir immédiatement les œufs dans un grand bol d'eau glacée et écaler.

—

Couper en deux. Retirer et déposer les jaunes dans un bol. Les écraser avec une fourchette. Ajouter la mayonnaise, la moutarde, le sel et le parfum choisi. Rectifier l'assaisonnement.

—

Farcir les blancs d'œufs avec le mélange à l'aide de deux petites cuillères ou d'une poche à douille. Parsemer de la garniture choisie.

Frais et raffiné, c'est le grand gagnant de l'apéro ultra-convivial et de l'entrée la plus facile. On nous propose de plus en plus de variétés d'huîtres et le choix des sauces permet de s'amuser.

HUÎTRES

①

SAUCE BLOODY MARIA

18 PETITES HUÎTRES
- 4 c. à soupe de tomates cerises en 2
- 2 c. à soupe de céleri finement haché
- 2 c. à thé de jus de lime ou de citron
- 1 c. à thé de raifort préparé
- Sel au céleri ou graines de céleri
- Tabasco
- Sel

Presser légèrement les demi-tomates pour en extraire l'eau de végétation et hacher finement. Bien mélanger tous les ingrédients. Goûter et rectifier l'assaisonnement au besoin. Servir dans un bol avec une petite cuillère.

②

MIGNONNETTE AU GINGEMBRE

18 PETITES HUÎTRES
- 3 c. à soupe de jus de lime
- 3 c. à soupe de vinaigre de riz
- 1 c. à thé de gingembre finement râpé
- 2 c. à soupe d'échalotes françaises finement hachées

Mélanger tous les ingrédients. Servir dans un bol avec une petite cuillère.

③

GIN ET LIME

12 PETITES HUÎTRES
- 2 c. à soupe de jus de lime ou de citron
- 2 c. à soupe de gin
- 2 c. à soupe de ciboulette hachée
- Sel

Mélanger tous les ingrédients. Servir dans un bol avec une petite cuillère.

④

CLÉMENTINE ET CIBOULETTE

12 HUÎTRES
- 2 clémentines ou 1 orange sanguine ou Cara Cara
- Piment d'Espelette ou d'Alep
- 1 c. à soupe de ciboulette ciselée

Peler à vif les clémentines, en prélever les segments et couper en dés pour obtenir 60 ml (¼ tasse). Garnir l'huître d'une petite cuillerée d'agrume. Saupoudrer de piment et de ciboulette.

HUÎTRES
AUX éPINARDS GRATINéES
À LA FAÇON ROCKEFELLER

18 À 24 HUÎTRES

- 1 ½ c. à soupe de beurre
- ½ c. à thé ou plus d'ail pressé
- 1 l (4 tasses) de jeunes épinards, bien tassés
- 2 c. à soupe de chapelure
- Huile
- 1 c. à soupe de parmesan râpé
- Sel et gros sel

Préchauffer le four à 230 °C (450 °F).

—

Dans une grande poêle, faire fondre le beurre à feu doux. Ajouter l'ail et laisser infuser quelques secondes sans laisser colorer.

—

Augmenter le feu, ajouter les épinards et les faire tomber. Saler. Transférer dans une passoire et bien les égoutter. Lorsqu'ils sont tièdes, les hacher grossièrement.

Dans un petit bol, à l'aide d'une fourchette, mélanger la chapelure avec quelques gouttes d'huile. (Ces étapes peuvent être préparées à l'avance.)

—

Couvrir une plaque de gros sel. Ouvrir les huîtres et retirer l'eau des coquilles. Les disposer sur le tapis de gros sel pour bien les stabiliser.

—

Ajouter de ¼ à ½ c. à thé d'épinards sur chaque huître. Saupoudrer de chapelure et de parmesan.

—

Cuire au centre du four environ 4 min jusqu'à ce que le dessus soit doré. Au besoin, passer rapidement sous le gril.

COCOONiNG

LA GRENADE
COMMENT RETIRER LES GRAINES
SANS QUE LA CUISINE RESSEMBLE À UNE SCÈNE DE CRIME

Couper la tête de la grenade. À l'aide d'un couteau, diviser en quatre en coupant à l'endroit où la peau est la plus épaisse (ce qui évitera de trop entailler les graines).

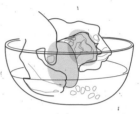

Remplir un grand bol d'eau froide. Immerger la grenade et détacher les quartiers en travaillant sous l'eau. Avec les doigts, dégager les graines des membranes. Les graines tomberont au fond du bol, tandis que les membranes flotteront à la surface.

Retirer la peau et les membranes du bol et utiliser une passoire pour récupérer les graines. Égoutter les graines sur un papier absorbant.

Conservation : Les graines restent fraîches, dans un contenant hermétique, au réfrigérateur, environ 3 jours.

On les mange nature, à la cuillère ou avec un peu de jus de lime et un peu de sucre. Pour ajouter du crounche, de la couleur, de la fraîcheur aux salades, aux tartinades, aux desserts froids ou glacés. Et aussi dans les boissons...

Rendement : Une grenade de 250 g (9 oz) fournit 180 ml (¾ tasse) de graines.

C'est un secret très ancien : une boisson chaude a la faculté d'arrêter le temps. En y mettant du lait (n'importe quelle sorte de lait), on ajoute de la douceur même. Qu'il fasse froid ou pas, dans un bol ou dans une tasse, avec les enfants, les amis ou juste un bouquin ; souffler sur une boisson chaude sera toujours un moment délicieux.

BOiSSONS D'HiVER
CHOCOLAT CHAUD

6 À 8 PORTIONS
· 125 ml (½ tasse) d'eau
· 200 g (7 oz) de chocolat noir (60 à 70 % de cacao), en pastilles ou haché
· 750 ml (3 tasses) de lait

Dans une casserole, porter l'eau à ébullition et ajouter le chocolat. Mélanger jusqu'à ce que le chocolat soit fondu. Verser le lait et laisser bouillir, en brassant continuellement avec un fouet, de 3 à 5 min. Le mélange prend une consistance onctueuse. Pour encore plus d'onctuosité, on fait comme le chocolatier Raymond Harnois, on laisse reposer à couvert, à température ambiante 10 h ou une nuit avant de réfrigérer. Servir bien chaud.

CRèME FOUETTéE POUR CAFé ET CHOCOLAT CHAUD

À LA CANNELLE
(aussi bon avec le café qu'avec le chocolat chaud)
· **250 ml (1 tasse) de crème 35 %**
· **2 c. à soupe de sucre à glacer**
· **½ c. à thé d'extrait de vanille**
· **1 c. à thé de cannelle**

AU GINGEMBRE *(pour le chocolat chaud)*
· **250 ml (1 tasse) de crème 35 %**
· **2 c. à soupe de sucre à glacer**
· **1 ½ c. à thé de gingembre moulu**

AU CHOCOLAT *(pour le café ou le chocolat chaud)*
· **250 ml (1 tasse) de crème 35 %**
· **2 c. à soupe de sucre à glacer**
· **½ c. à thé d'extrait de vanille**
· **60 ml (¼ tasse) de poudre de cacao**

S'assurer que la crème est bien froide. (Le bol et les fouets peuvent être refroidis au réfrigérateur.) Fouetter la crème à l'aide d'un batteur électrique. Lorsqu'elle commence à épaissir, ajouter le sucre et le parfum choisi. Fouetter jusqu'à ce que la crème forme des pics mous. La crème fouettée se garde 24 h au réfrigérateur.

LAIT CHAUD
PARFUMé

À boire seul ou accompagné de biscuits en pain d'épice (p. 112), de gâteau à l'orange (p. 111), de sablés au chocolat (p. 118) ou d'un bon biscuit du commerce. On peut faire mousser le lait à l'aide d'un mélangeur à main, d'un fouet, ou d'un mousseur à lait.

AU DULCE DE LECHE
- 250 ml (1 tasse) de lait
- Dulce de leche
- Extrait de vanille ou graines de gousse de vanille (facultatif)

Dans une casserole, à feu moyen, chauffer le lait et le dulce de leche. Parfumer de vanille si désiré. Mousser si désiré.

À L'AMARETTO
- 250 ml (1 tasse) de lait
- Miel
- 2 c. à soupe d'amaretto* ou au goût

L'amaretto s'achète aussi en mignonnettes.
Dans une casserole, à feu moyen, chauffer le lait et le miel. Remuer jusqu'à ce que le miel soit dissous. Ajouter l'amaretto, au goût. Mousser si désiré.

AU THÉ CHAI
- 250 ml (1 tasse) de lait
- 1 c. à thé de mélange chai ou 1 sachet de thé chai
- Miel

PARFUMS (FACULTATIF)
- Anis étoilé, bâton de cannelle ou épices moulues

GARNITURES (FACULTATIF)
- Bâton de cannelle, anis étoilé ou cardamome moulue

Faire chauffer le lait et le chai. Sucrer avec le miel, au goût, et parfumer si désiré. Remuer jusqu'à ce que le miel soit dissous. Retirer du feu, couvrir et laisser infuser au moins 5 min. Réchauffer, filtrer, mousser et garnir si désiré.

À LA CARDAMOME
- 250 ml (1 tasse) de lait
- Miel
- ½ c. à thé de graines de cardamome
- Cardamome moulue (facultatif)

Dans une casserole, à feu moyen, chauffer le lait, le miel et la cardamome jusqu'à ce que le miel soit dissous. Retirer du feu, couvrir et laisser infuser de 20 à 25 min. Réchauffer et filtrer avec une petite passoire. Garnir de cardamome moulue si désiré.

À LA CANNELLE
- 250 ml (1 tasse) de lait
- 1 bâton de 8 cm (3 po) de cannelle
- Miel
- Cannelle moulue (facultatif)

Dans une casserole, à feu moyen, chauffer le lait, le bâton de cannelle cassé en deux et le miel. Remuer jusqu'à ce que le miel soit dissous et retirer du feu. Couvrir et laisser infuser 20 min. Retirer la cannelle. Réchauffer, si désiré mousser et saupoudrer de cannelle.

MAÏS
SOUFFLÉ

AU PARMESAN
- 3 c. à soupe de beurre ou 2 c. à soupe de beurre et 1 c. à soupe d'huile d'olive
- 125 ml (½ tasse) de parmesan râpé
- ¼ c. à thé de poivre du moulin
- Sel

Dans une petite casserole, faire fondre le beurre. Verser sur le maïs soufflé et mélanger. Saupoudrer de parmesan, de poivre et de sel. Mélanger rapidement pour bien enrober.

LE POPCORN
- 2 c. à soupe d'huile d'arachide, de pépins de raisin ou de canola
- 80 ml (⅓ tasse) de maïs à éclater

Dans une grande casserole à fond épais d'une contenance d'au moins 6 l (5,25 pintes), chauffer l'huile à feu moyen-élevé. Ajouter le maïs, couvrir et attendre quelques secondes que les grains commencent à éclater. Secouer la casserole jusqu'à ce que le maïs cesse d'éclater. Lorsque le maïs soufflé est encore chaud, incorporer l'assaisonnement choisi.

AU CURRY DE BLAKE
- 3 c. à soupe de beurre
- 2 c. à thé de curry
- ¼ c. à thé de sel
- Une poignée de raisins secs et/ou de canneberges séchées

Dans une petite casserole, faire fondre le beurre et ajouter le curry. Laisser chauffer le temps que la préparation mousse. Ajouter aussitôt au maïs soufflé, avec les autres ingrédients. Mélanger rapidement pour bien enrober. *Merci à Blake.*

À L'ANETH ET CITRON
- 3 c. à soupe de beurre ou 2 c. à soupe de beurre et 1 c. à soupe d'huile d'olive
- Zeste de 1 citron râpé finement
- Jus de ½ citron
- 1 ½ c. à thé d'aneth séché
- Sel

Dans une petite casserole, faire fondre le beurre et ajouter le zeste et le jus de citron. Verser sur le maïs soufflé et mélanger. Saupoudrer d'aneth et de sel. Mélanger rapidement pour bien enrober.

ÉPICÉ À LA LIME
- 3 c. à soupe de beurre
- 1 c. à thé de sauce Sriracha
- Jus de ½ lime
- 1 c. à thé de sirop d'érable
- Sel

Dans une petite casserole, faire fondre le beurre et ajouter la sauce Sriracha. Laisser chauffer le temps que la préparation mousse. Retirer du feu et ajouter le jus de lime et le sirop d'érable. Verser aussitôt sur le maïs soufflé et saler. Mélanger rapidement pour bien enrober. *Merci à Dyan.*

Pour le cinéma maison, du popcorn maison ça va de soi ! Tellement facile et joyeux, pourquoi se priver d'en « popper » aussi pour l'apéro !

On peut s'en servir une tasse, tout simplement, pour accompagner un sandwich, ou l'utiliser comme base pour concocter une soupe rapide avec quelques aromates : stracciatella (ci-dessous) et tortellini in brodo (p. 148).

BOUILLON
DE DiNDE
OU DE POULET

- Carcasse de dinde cuite ou 1,5 à 1,8 kg (3 à 4 lb) d'ailes, de pilons, de carcasses de dinde ou de poulet frais
- 2 oignons piqués de 3 clous de girofle
- 2 carottes en gros morceaux
- 2 branches de céleri en gros morceaux
- Partie verte des poireaux ou parures de fenouil (facultatif)
- 3 gousses d'ail écrasées
- Tiges de persil italien ou de thym
- 1 ou 2 feuilles de laurier
- 1 c. à thé de grains de poivre
- Sel

Mettre tous les ingrédients dans une grande casserole. Verser de l'eau froide jusqu'à 2,5 cm (1 po) au-dessus des ingrédients. Porter à ébullition et écumer. Baisser le feu et laisser mijoter à feu doux, presque couvert, environ 1 h 30.

—

Verser à travers une passoire fine ou, pour un bouillon plus clair, une passoire tapissée de 2 épaisseurs de coton à fromage.

—

Rectifier l'assaisonnement. Laisser refroidir avant de mettre au réfrigérateur. Retirer la couche de graisse qui aura figé sur le dessus.

—

Conservation : Au réfrigérateur de 3 à 4 jours et jusqu'à 6 mois au congélateur.

STRACCIATELLA
(POTAGE AUX ŒUFS)
Recette tirée du livre *À la di Stasio*.

4 PORTIONS
- 1 l (4 tasses) de bouillon de dinde ou de poulet (ci-contre)
- 1 œuf pour 4 personnes (soupe avec pâtes) ou 1 œuf pour 2 personnes (soupe sans pâtes)
- Noix de muscade râpée
- 1 c. à soupe comble ou plus de parmesan râpé
- Pâtes courtes cuites : risoni, orzo, plombs, etc. (facultatif)
- Persil italien haché ou une bonne quantité d'épinards tombés à la poêle
- Poivre du moulin

Dans une casserole, porter le bouillon à ébullition.

—

Dans un bol, fouetter ensemble les œufs, les assaisonnements et le parmesan.

—

Réduire la chaleur du bouillon, incorporer le mélange d'œuf. Lorsque le mélange commence à coaguler, remuer à l'aide d'une fourchette pour y défaire l'œuf.

—

Avant de servir, ajouter les pâtes courtes si désiré et le persil ou les épinards.

Un potage savoureux à servir en lunch, avec un fromage. Idéal en entrée pour une grande tablée.

POTAGE
FENOUIL
ET TOMATES

6 PORTIONS
· 3 c. à soupe d'huile d'olive
· 500 ml (2 tasses) d'oignons ou un mélange d'oignons et de poireaux, en rondelles
· 500 ml (2 tasses) de pommes de terre, de carottes ou de patates douces, en cubes
· 500 ml (2 tasses) de fenouil émincé
· 4 c. à thé de graines de fenouil écrasées
· 2 gousses d'ail pressées
· 1 boîte de 398 ml (14 oz) de tomates italiennes, en dés ou écrasées
· 1 l (4 tasses) de bouillon de dinde, de poulet (p. 52) ou de légumes
· Piment broyé ou sauce piquante (facultatif)
· Sel et poivre du moulin

GARNITURES, AU CHOIX (FACULTATIF)
· Croûtes au cheddar (p. 152)
· Crème au parmesan (ci-contre)
· Filet d'huile d'olive et feuilles de basilic
· Zeste de citron ou d'orange finement râpé et persil italien ou basilic hachés, avec un filet d'huile d'olive
· Croûtons (p. 151)
· Biscottis au parmesan (p. 17)

Dans une casserole, chauffer l'huile à feu moyen et cuire l'oignon jusqu'à ce qu'il soit transparent.

—

Ajouter les pommes de terre et le fenouil et faire revenir quelques minutes. Saler.

—

Ajouter les graines de fenouil, poursuivre la cuisson quelques secondes avant d'incorporer l'ail, les tomates et le bouillon. Porter à ébullition, baisser le feu et laisser mijoter à mi-couvert environ 30 min jusqu'à ce que les légumes soient tendres.

—

Réduire en purée au mélangeur. Si nécessaire, diluer avec un peu de bouillon ou d'eau pour obtenir un potage onctueux. Vérifier l'assaisonnement. Si désiré, relever d'un peu de piment.

CRÈME AU PARMESAN

Dans un bol, monter légèrement 250 ml (1 tasse) de crème 35 %. Incorporer, à la spatule, 3 à 4 c. à soupe de parmesan râpé. Au service, poivrer.

J'ai un sérieux penchant pour les soupes-repas. Si on a des boulettes au congélateur, celle-ci se prépare en un instant. Après, c'est selon ce qu'on a sous la main : on peut remplacer la verdure par des légumes, ajouter du piquant, oublier les pâtes...

SOUPE
DE TOMATES AUX BOULETTES DE DiNDE

4 PORTIONS EN SOUPE-REPAS
· 90 g (3 oz) de vermicelles ou de petites pâtes à soupe
· 3 c. à soupe d'huile d'olive
· 1,25 l (5 tasses) d'oignons ou de poireaux, en demi-tranches fines
· 2 gousses d'ail pressées
· 2 c. à soupe de pâte de tomates
· 1,75 l (7 tasses) de bouillon de dinde ou de poulet (p. 52)
· 12 à 24 boulettes de dinde cuites (p. 58)
· 1 l (4 tasses) d'escarole hachée ou de jeunes épinards
· Parmesan ou pecorino râpés (facultatif)
· Sel et poivre du moulin

Cuire les pâtes *al dente* dans l'eau salée. (Elles doivent être encore très croquantes, car elles continueront à cuire dans la soupe.) Égoutter et refroidir à l'eau froide pour arrêter la cuisson. Réserver.

—

Dans une casserole, chauffer l'huile et faire dorer l'oignon doucement de 4 à 5 min.

—

Ajouter l'ail, la pâte de tomates, le bouillon et les boulettes. Poursuivre la cuisson, à feu moyen, et lorsque l'oignon est tendre, ajouter les pâtes et la verdure. Rectifier l'assaisonnement.

—

Servir dès que les pâtes sont à point, parsemer de fromage râpé si désiré.

BOULETTES DE DiNDE ET SAUCE TOMATE

Une délicieuse idée pour recevoir sans chichis. Ces boulettes s'accommodent selon l'inspiration du moment. Dans une sauce tomate (p. 60), en soupe (p. 57) ou avec un pesto de persil et citron (p. 63). On en fait provision au congélateur.

4 À 6 PORTIONS (24 BOULETTES)

· 1 œuf légèrement battu
· 4 c. à soupe de lait ou d'eau
· 125 ml (½ tasse) de panko ou de chapelure
· 500 g (1 lb) de dinde hachée (viande brune) ou de poulet
· 80 ml (⅓ tasse) de persil italien haché
· 125 ml (½ tasse) de parmesan ou un mélange de pecorino et de grana padano, râpés
· 1 gousse d'ail pressée
· Huile d'olive
· Sel et poivre du moulin

Dans un grand bol, mélanger l'œuf, le lait et la chapelure. Ajouter la dinde, le persil, le fromage et l'ail. Mélanger. Saler et poivrer.
—
Dans une petite poêle, faire cuire une cuillerée du mélange, goûter et rectifier l'assaisonnement si nécessaire. Former des boulettes de la grosseur d'une petite balle de golf de 4 cm (1 ½ po) de diamètre (utiliser des gants en latex si désiré).

CUISSON AU FOUR

Préchauffer le four à 200 °C (400 °F). Placer la grille dans le haut du four. Huiler une plaque et disposer les boulettes. Badigeonner légèrement d'huile. Cuire de 15 à 20 min, en les retournant à mi-cuisson, jusqu'à ce qu'elles soient cuites.

CUISSON À LA POÊLE

Chauffer une poêle à feu moyen, verser un peu d'huile et faire cuire les boulettes en deux fois, environ 15 min.

CUISSON DANS LA SAUCE

Préparer la sauce comme indiqué p. 60. Lorsque la sauce bout, ajouter les boulettes. Mijoter doucement à mi-couvert, de 20 à 25 min, en secouant la casserole de temps à autre, jusqu'à ce que les boulettes soient cuites. (Utiliser une cuillère pour remuer risquerait de les briser.)

SAUCE
TOMATE

875 ML (3 ½ TASSES)
- 1 boîte de 796 ml (28 oz)
  de tomates italiennes
- 60 ml (¼ tasse) d'huile d'olive
- 2 ou 3 gousses d'ail hachées finement
- 250 ml (1 tasse) de bouillon
  de dinde ou de poulet (p. 52)
- ½ c. à thé de sucre
- Beurre (facultatif)
- Spaghettis, spaghettinis,
  gemelli ou penne
- Parmesan ou pecorino râpés
- Sel et poivre du moulin

Broyer les tomates avec leur jus au robot culinaire ou les écraser à l'aide d'un pilon pour obtenir une purée épaisse et texturée.

—

Dans une grande casserole, chauffer l'huile à feu moyen. Cuire l'ail, en remuant, sans le laisser se colorer.

—

Ajouter les tomates, le bouillon, le sucre et le sel. Vérifier l'assaisonnement. Porter à ébullition, réduire la chaleur et laisser mijoter 15 min, le temps de préparer les boulettes (p. 58).

—

Déposer délicatement les *boulettes non cuites* dans la sauce. Poursuivre la cuisson en secouant la casserole régulièrement, 20 min ou jusqu'à ce que les boulettes soient cuites. (Éviter d'utiliser une cuillère pour ne pas les briser.) Ou ajouter les *boulettes déjà cuites* et poursuivre la cuisson de 10 à 15 min. Ajouter un morceau de beurre si désiré.

—

Au service, couvrir les pâtes de sauce aux boulettes, parsemer de parmesan ou de pecorino râpés et poivrer.

Un bon pesto d'hiver. Délicieux pour improviser un plat de pâte, rehausser une soupe, une viande rôtie ou une salade de légumineuses. Bref, à avoir sous la main !

PESTO
DE PERSIL
ET CiTRON

4 À 6 PORTIONS
(310 ml/1 ¼ TASSE DE PESTO)
· 125 ml (½ tasse) de noix de Grenoble ou d'amandes mondées
· 500 ml (2 tasses) de persil italien tassé
· Zeste de 3 citrons finement râpé
· ½ c. à thé d'ail pressé
· 2 c. à thé de jus de citron
· 60 ml (¼ tasse) de grana padano ou de parmesan râpés
· 180 ml (¾ tasse) d'huile d'olive
· Pâtes courtes (gemelli, orzo, ditalini, coquillettes)
· Sel et poivre du moulin

GARNITURES (FACULTATIF)
· Grana padano ou parmesan râpés ou en copeaux
· Boulettes de dinde (p. 58)

Préchauffer le four à 180 °C (350 °F).

—

Mettre les noix sur une plaque et faire rôtir de 6 à 8 min. Laisser refroidir.

—

Broyer au robot culinaire les noix, le persil, le zeste, l'ail, le jus de citron et le fromage. Actionner par touches successives jusqu'à ce que les noix et le persil soient parfaitement hachés.

—

Verser l'huile et actionner pour obtenir une consistance homogène. Racler le contour du bol à l'aide d'une spatule. Saler en tenant compte du fromage utilisé et poivrer. Actionner de nouveau.

—

Faire cuire les pâtes. Égoutter en prenant soin de réserver un peu d'eau de cuisson. Mélanger les pâtes, le pesto et un peu d'eau de cuisson réservée afin de bien enrober les pâtes.

—

Au service, parsemer de fromage si désiré et de poivre du moulin. Ces pâtes sont délicieuses seules, avec les boulettes de dinde ou servies comme accompagnement.

TOURTIÈRE
DE SETH

Rien de plus pratique qu'une tourte : on la glisse au four, on dépose sur la table une belle salade, quelques condiments, et le tour est joué. J'aime en avoir en réserve, en offrir en cadeau – et en recevoir... Voici la recette de Seth Gabrielse, chef talentueux au Labo culinaire de la SAT. Michelle Marek, sa complice, y va de sa recette de pâte (p. 153). Autant le Labo culinaire expérimente, autant cette tourtière est devenue une véritable tradition.

1 TOURTIÈRE PROFONDE DE 25 CM (10 PO)

- 30 ml (2 c. à soupe) d'huile d'olive
- 1 gros oignon espagnol haché
- 4 gousses d'ail hachées finement
- 1 kg (2 lb) de porc haché
- 1 pomme de terre de type Russet
- ½ c. à thé de cannelle
- ½ c. à thé de clou de girofle moulu
- ½ c. à thé de piment de la Jamaïque
- ⅛ c. à thé de muscade moulue
- 2 c. à thé de sel
- 1 ½ c. à thé de poivre du moulin
- 1 kg (2 lb) de pâte à tarte du commerce de bonne qualité ou faite maison (p. 153)
- 1 œuf battu

Dans une grande casserole, chauffer l'huile. À feu moyen, faire revenir l'oignon jusqu'à ce qu'il soit transparent. Ajouter l'ail et laisser fondre 1 min.

—

Ajouter le porc haché et poursuivre la cuisson, en défaisant la viande, de 10 à 15 min. Lorsqu'elle est bien cuite, retirer du feu.

Peler et râper finement la pomme de terre. Presser avec les mains la chair obtenue pour en extraire le maximum de liquide. Incorporer au mélange de viande en même temps que les épices. Rectifier l'assaisonnement. Laisser tiédir.

—

Préchauffer le four à 220 °C (425 °F).

—

Sur une surface farinée, abaisser les deux tiers de la pâte à tarte en un cercle de 45 cm (18 po) de diamètre. Tapisser le fond et les côtés d'un moule à charnière de 25 cm (10 po). Abaisser le reste de la pâte en un cercle de 30 cm (12 po). Pratiquer quelques incisions au centre.

—

Transvider la garniture de viande dans l'abaisse. Badigeonner le contour d'œuf battu. Couvrir de l'autre abaisse et bien presser les 2 pâtes l'une sur l'autre. Passer un couteau autour du moule et, si désiré, utiliser les retailles de pâte coupées à l'emporte-pièce pour décorer le dessus de la tourtière. Badigeonner d'œuf battu. Enfourner de 50 à 60 min, en tournant occasionnellement.

—

Comme Seth, servir avec une bonne salade craquante pleine de couleurs et un ketchup aux fruits (p. 66). On peut aussi accompagner la tourtière de betteraves marinées (p. 68) ou d'un chutney aux canneberges (p. 66).

Le chutney de Denise Cornellier : un atout de plus dans une cuisine. Heureux mélange d'épices, il accompagne bien sûr les tourtes, à la viande ou végé, mais aussi les saucisses, les terrines et les sandwichs (p. 90).

C'est celui que Seth Gabrielse sert avec sa tourtière (p. 64). Mais il est aussi très bon avec des saucisses ou un parmentier.

CHUTNEY
AUX CANNEBERGES

500 ML (2 TASSES)
- 2 c. à soupe de beurre
- 60 ml (¼ tasse) d'oignon haché
- 750 ml (3 tasses) de canneberges fraîches ou congelées
- 180 ml (¾ tasse) de sucre
- 180 ml (¾ tasse) de vinaigre de vin blanc ou autre vinaigre
- ⅛ c. à thé de cardamome moulue
- ⅛ c. à thé de cannelle
- ⅛ c. à thé de coriandre moulue
- 3 c. à soupe de gingembre râpé finement
- Une pincée de sel

Dans une casserole, chauffer le beurre à feu moyen et faire suer l'oignon jusqu'à ce qu'il soit transparent. Ajouter les canneberges fraîches ou congelées et les autres ingrédients. Réduire le feu et laisser mijoter de 20 à 25 min jusqu'à ce que les canneberges soient compotées et le liquide presque complètement évaporé. Transvider dans des bocaux et réserver au réfrigérateur.

—

Servir avec des charcuteries, du confit de dinde ou de canard, de la tourtière (p. 64), de la tourte de gibiers, etc.

KETCHUP
AUX FRUiTS

4 BOCAUX DE 500 ML (2 TASSES)
- 500 ml (2 tasses) de tomates mondées, épépinées, en dés
- 500 ml (2 tasses) d'oignons en dés
- 500 ml (2 tasses) de pommes pelées, en dés
- 375 ml (1 ½ tasse) de poires pelées, en dés
- 180 ml (¾ tasse) de céleri en dés
- 250 ml (1 tasse) de vinaigre de cidre ou de vin rouge
- 1 c. à thé de graines de moutarde brune
- 1 bâton de cannelle
- 6 à 8 clous de girofle
- 1 ½ c. à thé de sel

Mettre tous les ingrédients dans une casserole. Faire mijoter doucement de 1 h 30 à 2 h. Écumer souvent.

—

Retirer la cannelle et les clous de girofle et verser le ketchup chaud dans des bocaux stérilisés.

J'attendais juste l'occasion de vous proposer cette recette du chef Richard Bastien, que j'ai goûtée au Leméac. Faites comme lui, profitez de la belle saison pour faire provision de différentes variétés de betteraves marinées.

Préparé en deux coups de couteau, ce condiment ajoutera du woumfe au saumon fumé ou au gravlax (p. 20), aux salades de légumineuses, aux sandwichs et aux burgers. Aussi pour accompagner les charcuteries, les pâtés et j'en passe...

BETTERAVES
MARINéES

3 BOCAUX DE 500 ML (2 TASSES)
- 1,5 kg (3 lb) de betteraves jaunes ou rouges
- 375 ml (1 ½ tasse) de vinaigre blanc
- 250 ml (1 tasse) d'eau
- 125 ml (½ tasse) de cassonade
- 125 ml (½ tasse) de sucre
- 1 c. à soupe de gros sel
- 3 anis étoilés
- 3 bâtons de cannelle
- 1 c. à soupe de graines de moutarde
- 3 clous de girofle
- 2 échalotes françaises en tranches fines (facultatif)

Si on utilise des betteraves de différentes couleurs, il est préférable de les faire mariner séparément.

—

Laver et couper la queue des betteraves sans en abîmer la peau. Dans une casserole remplie d'eau salée, les faire cuire jusqu'à ce qu'elles soient tendres. Laisser tiédir avant de les peler et de les couper en quartiers.

Dans une autre casserole, porter à ébullition le vinaigre, l'eau, la cassonade, le sucre, le sel, l'anis étoilé, la cannelle, les graines de moutarde et les clous de girofle.

—

Remplir les bocaux stérilisés de betteraves. Ajouter l'échalote si désiré et verser le liquide bouillant pour les couvrir. Après 2 jours, retirer les bâtons de cannelle et c'est prêt à servir.

OiGNONS ROUGES
MARINÉS

1 BOCAL DE 500 ML (2 TASSES)
- 1 oignon rouge
- 180 ml (¾ tasse) de vinaigre de vin blanc ou de vinaigre blanc
- 180 ml (¾ tasse) d'eau
- 80 ml (⅓ tasse) de sucre
- 2 c. à thé de sel
- 1 feuille de laurier (facultatif)

Peler l'oignon rouge, le couper en deux, puis en tranches fines.

Dans une casserole, porter à ébullition le vinaigre, l'eau, le sucre et le sel jusqu'à ce que le sucre soit dissous.

—

Mettre l'oignon avec le laurier si désiré dans un bocal stérilisé et couvrir du liquide bouillant. Laisser refroidir et garder au réfrigérateur au moins 24 h avant de servir. Se conserve au réfrigérateur plusieurs semaines.

JOYEUX
MATIN

Je l'offre TELLEMENT souvent en cadeau !
C'est croquant, goûteux, et ça rend heureux.
À ce jour, personne ne s'est jamais plaint...

GRANOLA

1,25 À 1,5 L (5 À 6 TASSES)
- 1 l (4 tasses) de flocons d'avoine (gruau)
- 250 ml (1 tasse) d'amandes effilées
- 80 ml (⅓ tasse) de graines de sésame
- 60 ml (¼ tasse) ou plus de graines de citrouille (facultatif)
- 250 ml (1 tasse) de noix de coco en flocons ou râpée, non sucrée (facultatif)
- ¾ c. à thé de sel
- 250 ml (1 tasse) de sirop d'érable ou 125 ml (½ tasse) de sirop d'érable et 125 ml (½ tasse) de cassonade
- 2 c. à thé d'essence d'amande
- 2 c. à thé de cannelle
- 2 c. à thé de gingembre moulu
- 1 blanc d'œuf battu
- 250 ml (1 tasse) de fruits séchés (raisins, abricots, figues, dattes, canneberges, bleuets), en dés (facultatif)
- Graines de lin (facultatif)

Préchauffer le four à 150 °C (300 °F). Tapisser de papier parchemin une plaque de 38 x 50 cm (15 x 20 po) ou deux plus petites.

—

Dans un grand bol, mélanger les céréales, les amandes, les graines de sésame, les graines de citrouille, la noix de coco si désiré, et le sel.

—

Dans une petite casserole, chauffer doucement le sirop d'érable. Retirer du feu, ajouter l'essence d'amande et les épices.

—

Verser sur les céréales et mélanger. Laisser tiédir et incorporer soigneusement le blanc d'œuf battu.

—

Étaler sur une ou deux plaques. Pour que le granola dore uniformément, éviter les amoncellements. Cuire au moins 30 min en remuant aux 15 min jusqu'à ce que le mélange soit doré. (Si on utilise deux plaques, effectuer une rotation des plaques.)

—

À la sortie du four, si désiré, incorporer les fruits séchés. Refroidir et remplir des bocaux ou des récipients hermétiques. Au moment de servir, on peut aussi ajouter des graines de lin fraîchement moulues.

Pour les fanas de scones, en voici un tout léger. À servir tiède, nature ou bien avec du beurre, de la crème fraîche, de la confiture ou une compote de fruits. *So Brit!*

SCONES

Dans un bol, mélanger la farine, le sucre, la poudre à pâte, le sel et le zeste.

—

Ajouter le beurre et mélanger avec les mains sans trop manipuler. La texture doit être friable et les petits morceaux de beurre encore apparents.

—

Ajouter les fruits secs et mélanger. Incorporer la crème fouettée. (Surtout ne pas trop mélanger.)

—

Fariner le plan de travail et abaisser la pâte en un cercle de 18 cm (7 po) de diamètre et de 2,5 cm (1 po) d'épaisseur. Couper le disque de pâte en 8 pointes. Badigeonner le dessus de crème et saupoudrer de sucre.

—

Tapisser une plaque de papier parchemin. Disposer les scones et réfrigérer 30 min.

—

Préchauffer le four à 200 °C (400 °F).

—

Cuire au four 20 min jusqu'à ce que les scones soient dorés. Servir lorsqu'ils sont encore tièdes.

—

Les scones se réchauffent au four à 180 °C (350 °F) environ 3 min. Ils se conserveront dans un contenant hermétique 2 ou 3 jours. S'ils ont été congelés, les réchauffer au four à 160 °C (325 °F) 10 min.

12 À 14 SCONES
· 375 ml (1 ½ tasse) de farine
· 60 ml (¼ tasse) et plus de sucre
· 2 c. à soupe de poudre à pâte
· ¼ c. à thé de sel
· 2 c. à thé de zeste de citron ou d'orange râpé finement
· 125 ml (½ tasse) de beurre doux, en dés
· 125 ml (½ tasse) de canneberges séchées hachées grossièrement ou de raisins secs
· 180 ml (¾ tasse) de crème 35 % fouettée pas trop serrée

GARNITURES
· Crème 35 % fouettée et sucre

Je raffole du panettone et du pandoro (p. 152). J'en offre, j'en reçois... Bref, j'ai fait mienne cette tradition italienne du temps des Fêtes. Je déguste ces pains briochés nature ou je fais ce plat simple et réconfortant. On le prépare à l'avance, on l'enfourne, et on relaxe.

PAIN DORÉ
AU FOUR

Beurrer généreusement un moule de 23 x 33 cm (9 x 13 po).

—

Dans un grand bol, fouetter les œufs, ajouter le lait, le sucre, la vanille et la muscade. Tremper chaque tranche dans le mélange et les disposer dans le moule de façon à ce qu'elles se chevauchent légèrement.

—

Verser le reste du mélange au-dessus, couvrir de papier d'aluminium et laisser reposer au réfrigérateur 4 h ou toute la nuit. Sortir le plat pour le tempérer avant de mettre au four.

—

Préchauffer le four à 180 °C (350 °F).

—

Enfourner et, après 20 min, retirer le papier d'aluminium. Poursuivre la cuisson 20 min jusqu'à ce que le dessus soit légèrement doré. Si nécessaire, passer sous le gril rapidement.

—

Au service, présenter ce plat tel quel, encore chaud ou accompagné de sirop d'érable, de sirop à l'orange (p. 78) ou de crème anglaise (p. 107), ou encore le saupoudrer de sucre à glacer.

8 PORTIONS
- Beurre
- 8 œufs
- 625 ml (2 ½ tasses) de lait entier
- 125 ml (½ tasse) de sucre
- 1 c. à thé de vanille
- 1 c. à thé de noix de muscade râpée ou moulue
- 12 tranches d'environ 2 cm (¾ po) de panettone, de pandoro ou de pain brioché (auquel on ajoute 5 c. à soupe de raisins secs et d'agrumes confits)

PANCAKES AU
GINGEMBRE

Un pancake au parfum d'hiver fait à partir d'un mélange instantané. Du tout-petit au plus grand, ils ont tous aimé.

12 PANCAKES
· 1 œuf à température ambiante, jaune et blanc séparés
· 2 c. à soupe de mélasse
· 1 c. à thé de cannelle
· 1 c. à thé de gingembre moulu
· ¼ c. à thé de noix de muscade râpée ou moulue
· 250 ml (1 tasse) de lait
· 250 ml (1 tasse) de mélange à pancakes
· Beurre
· Sel

GARNITURES, AU CHOIX
· Beurre, miel, sirop d'érable, sirop à l'orange (ci-contre), quartiers d'orange ou segments de clémentines

Dans un bol, battre le jaune d'œuf, la mélasse et les épices. Verser le lait tout en fouettant. Ajouter le mélange à pancakes et bien mélanger.

—

Dans un autre bol, à l'aide d'un fouet, monter en neige le blanc d'œuf et une pincée de sel. À l'aide d'une spatule, incorporer délicatement au premier mélange. Laisser reposer au moins 30 min.

—

Préchauffer le four à 120 °C (250 °F).

—

Chauffer une poêle antiadhésive à feu moyen. Placer un carré de beurre sur un papier absorbant, refermer et passer dans la poêle pour bien beurrer toute la surface.

—

Verser 60 ml (¼ tasse) de pâte et cuire jusqu'à ce que des trous apparaissent en surface. Retourner et poursuivre la cuisson de 1 à 2 min. Empiler les pancakes dans une assiette et garder au four. Cuire ainsi toute la pâte en beurrant entre chaque cuisson.

—

Servir avec la garniture choisie.

SIROP À L'ORANGE

250 ML (1 TASSE)
· 125 ml (½ tasse) de jus d'orange
· 125 ml (½ tasse) de sirop d'érable
· Zeste de 1 orange râpé finement

Dans une petite casserole, porter à ébullition tous les ingrédients. Retirer du feu et laisser infuser 1 h. Filtrer ou non avant de servir.

De délicieuses propositions pour accompagner vos œufs... À vous de choisir. On prend le temps, la journée sera bonne.

ŒUFS
BROUILLÉS
GARNIS

RECETTE DE BASE

2 PORTIONS
· 4 œufs
· 1 c. à soupe ou plus de beurre
· Sel et poivre du moulin

Dans un bol, à l'aide d'un fouet, mélanger les œufs. Assaisonner.

—

Dans une poêle antiadhésive, à feu moyen, chauffer le beurre et verser les œufs. Laisser les œufs se réchauffer quelques secondes puis, à l'aide d'un fouet en caoutchouc, d'une spatule ou d'une cuillère en bois, brasser jusqu'à la cuisson désirée. (C'est très rapide, car les œufs doivent rester crémeux.) Transférer aussitôt dans l'assiette de service pour arrêter la cuisson. Garnir selon votre goût (p. 82) et servir.

① TOMATES CERISES SEMI-CONFITES
2 PORTIONS
- Tomates cerises en 2
- Huile d'olive
- Thym frais (facultatif)
- Petite roquette ou jeunes épinards
- Jus de citron
- Pecorino ou grana padano en copeaux
- 1 recette de base d'œufs brouillés (p. 81)
- Sel et poivre du moulin

Préchauffer le four à 200 °C (400 °F). Presser les demi-tomates pour en extraire l'eau de végétation. Dans un plat allant au four, huiler et saler les tomates, si désiré ajouter du thym et cuire pendant 30 min. Brasser une fois en cours de cuisson.

—

Dans un bol, mélanger la roquette ou les épinards, les tomates, un filet d'huile et de jus de citron. Assaisonner, touiller et ajouter le fromage. Servir avec les œufs brouillés.

② PEPE ET CACIO
2 PORTIONS
- 1 recette de base d'œufs brouillés (p. 81)
- 1 c. à soupe par œuf de parmesan, de grana padano ou de pecorino, râpés
- Pancetta ou bacon cuits et bien croustillants (facultatif)
- Poivre du moulin

Lorsque les œufs brouillés sont presque cuits, ajouter le fromage. Poivrer très généreusement. Si désiré, garnir de pancetta croustillante. Accompagner de croûtons dorés ou de pain grillé.

③ ŒUFS DE POISSON
2 PORTIONS
- 60 ml (¼ tasse) de crème 35 %
- Piment d'Espelette ou de Cayenne
- 1 c. à thé de zeste de lime ou de citron râpé
- 1 recette de base d'œufs brouillés (p. 81)
- Œufs de saumon ou de truite
- Sel

À la dernière minute, dans un bol, fouetter la crème, ajouter le piment d'Espelette, le zeste et un peu de sel.

—

Lorsque les œufs brouillés sont prêts, laisser tiédir et garnir de la crème préparée bien fraîche et d'œufs de poisson. Servir avec du pain brioché ou de mie grillés.

④ BACON À L'ÉRABLE ET POIVRE
2 PORTIONS
- 500 g (1 lb) de bacon nature (choisir des tranches pas trop minces)
- 3 c. à soupe de sirop d'érable
- 1 c. à thé de poivre du moulin
- 1 recette de base d'œufs brouillés (p. 81)

Préchauffer le four à 180 °C (350 °F). Tapisser 2 plaques de papier parchemin. Déposer une grille sur chaque plaque. Étaler les tranches de bacon. Cuire environ 20 min jusqu'à ce que le bacon soit doré.

—

Retirer le bacon des grilles et éliminer le gras accumulé au fond d'une seule plaque. Remettre tout le bacon sur une grille. Badigeonner de sirop d'érable et poivrer généreusement.

—

Enfourner de nouveau jusqu'à ce que les tranches deviennent croustillantes et caramélisées, de 10 à 15 min, et servir immédiatement avec les œufs brouillés.

Un *coddled egg* à l'anglaise. Cuit dans une tasse et accompagné de mouillettes, ça rend le petit-déjeuner tout à fait charmant.

OEUFS
MOLLETS DANS UNE TASSE

4 PORTIONS
- Beurre ramolli
- 4 œufs
- Ciboulette ciselée (facultatif)
- Pain, toasts, mouillettes (ci-contre) ou croûtons (p. 152)
- Sel et poivre du moulin

Beurrer généreusement l'intérieur de 4 petites tasses ou à espresso résistantes à la chaleur.

—

Casser un œuf dans chaque tasse.

—

Utiliser une casserole avec couvercle. Couvrir le fond d'une double épaisseur de papier absorbant. Verser 2,5 cm (1 po) d'eau et porter à ébullition. Baisser le feu et disposer les tasses dans la casserole. Couvrir de papier parchemin ou d'aluminium et mettre le couvercle. (La cuisson varie selon la grandeur et l'épaisseur des tasses.) Laisser mijoter très doucement de 4 à 6 min jusqu'à ce que le blanc soit cuit et le jaune encore coulant.

—

Retirer les tasses à l'aide d'une pince. Saler, poivrer et parsemer de ciboulette si désiré.

—

Servir immédiatement accompagnés de toasts, de mouillettes ou de croûtons.

MOUiLLETTES

- ½ baguette ou 1 ficelle
- 4 c. à soupe de beurre fondu ou un mélange de beurre fondu et d'huile
- 3 c. à soupe de ciboulette ou de persil italien, finement hachés (facultatif)
- Sel

Préchauffer le four à 200 °C (400 °F).

—

Couper la demi-baguette en deux sur la longueur d'abord, puis sur l'épaisseur.

—

Mettre le pain sur une plaque et badigeonner de beurre. Saupoudrer d'un peu de sel et garnir d'herbes si désiré.

—

Enfourner et cuire 10 min. Terminer sous le gril quelques secondes si nécessaire. Tailler des bâtonnets.

Une recette on ne peut plus conviviale, cuisinée pour *À la di Stasio 3*, qui a l'immense avantage de se préparer la veille. Cette casserole est devenue un classique à l'heure du brunch, autant dans ma famille que chez mes amis.

STRATTA
CASSEROLE AUX ŒUFS, FETA ET éPiNARDS

10 À 12 PORTIONS
· Beurre fondu
· 1,5 l (6 tasses) de pain rassis en cubes
· 225 g (8 oz) de jeunes épinards
· 400 g (14 oz) de feta
· 8 œufs
· 750 ml (3 tasses) de lait
· 6 oignons verts hachés finement
· 5 c. à soupe d'aneth ciselé
· 2 c. à soupe de moutarde de Dijon
· Sauce piquante (facultatif)
· Sel et poivre du moulin

Badigeonner de beurre un plat en terre cuite ou un moule en pyrex de 23 x 33 cm (9 x 13 po). Mettre la moitié des cubes de pain dans le moule, disposer les épinards et la moitié de la feta au-dessus et couvrir du reste de pain.

—

Dans un grand bol, fouetter les œufs, ajouter le lait, les oignons verts, l'aneth, la moutarde et la sauce piquante si désiré. Saler et poivrer. Verser cette préparation dans le moule et couvrir de la feta restante. Laisser reposer 4 h ou toute la nuit au réfrigérateur.

—

Sortir du réfrigérateur environ 1 h avant la cuisson pour laisser tempérer. Préchauffer le four à 180 °C (350 °F). Cuire de 50 à 60 min jusqu'à ce que la pointe d'un couteau inséré au centre du moule en ressorte propre. Si le dessus devient trop doré, couvrir d'un papier d'aluminium.

—

Servir la stratta accompagnée d'une salade de tomates ou d'une salade de betteraves.

COMPOSEZ VOTRE PROPRE STRATTA

SUIVRE LA MÉTHODE CI-DESSUS.
REMPLACER LES ÉPINARDS PAR :
· 700 g (1 ½ lb) d'asperges en tronçons et 360 g (¾ lb) de jambon en julienne
ou
· 3 poivrons rôtis en julienne et 285 g (10 oz) de saucisses cuites et émiettées
ou
· Un mélange de champignons rôtis et de poireaux tombés à la poêle

REMPLACER LA FETA PAR :
· 125 ml (½ tasse) de parmesan et 160 ml (⅔ tasse) de cheddar fort râpés
ou
· 500 ml (2 tasses) de gruyère râpé

L'HEURE DU
THÉ

PETiTS SANDWICHS
AUX ŒUFS P./90
AU CONCOMBRE P./92
AU JAMBON P./92
à LA MOUSSE DE MORTADELLE P./92
à LA DiNDE OU AU POULET P./92
AU SAUMON P./92

C'est toujours l'heure du thé quelque part… Mes amis et ma famille savent qu'avec ces petits sandwichs, chacun peut venir à l'heure qui lui plaît. On les prépare à l'avance, ils se conservent parfaitement au frigo et conviennent autant aux brunchs, aux lunchs accompagnés d'un Bloody Mary, aux parties de cartes, aux jeux des enfants, aux marathons séries télé… Le sandwich-pas-de-croûtes : un grand « classique » de l'hospitalité québécoise !

PETITS SANDWICHS

AUX ŒUFS

LE PAIN

Choisir un pain de mie dense et le plus carré possible. Pour éviter que les tranches de pain dessèchent, les sortir de leur emballage à la dernière minute. Beurrer la surface de chaque tranche, jusque dans les coins pour les empêcher de retrousser. Compter 125 ml (½ tasse) de beurre ramolli pour 20 à 24 tranches.

LES SANDWICHS

Couvrir la moitié des tranches de la garniture choisie et superposer la deuxième tranche. À l'aide d'un couteau à pain, retirer les croûtes (elles pourront être séchées et broyées en chapelure). Tailler en carrés, en triangles ou en rectangles.

—

Si les sandwichs sont préparés le matin ou la veille, pour préserver leur fraîcheur, les déposer dans un récipient hermétique ou sur une plaque, les couvrir d'un papier absorbant légèrement vaporisé d'eau. Emballer de pellicule plastique.

48 CARRÉS OU 48 TRIANGLES OU 36 RECTANGLES

- 24 tranches de pain beurrées (ci-contre)
- 12 gros œufs
- 125 ml (½ tasse) de mayonnaise
- 1 c. à soupe de moutarde de Dijon ou à l'ancienne
- 1 ½ c. à soupe de curry
- 180 ml (¾ tasse) ou plus d'oignons verts ou de ciboulette, hachés très finement
- 250 ml (1 tasse) de fenouil ou de céleri hachés très finement
- Sel et poivre du moulin

Dans une casserole, déposer les œufs, les couvrir d'eau froide et porter à ébullition. Baisser le feu à moyen-doux et cuire 9 min. Retirer les œufs, les refroidir immédiatement dans l'eau glacée, les écaler et les remettre dans l'eau. Transférer les œufs dans une assiette creuse, couper en morceaux et écraser à l'aide d'un pilon à purée ou d'une fourchette.

—

Ajouter la mayonnaise, la moutarde, le curry, l'oignon vert, le fenouil, saler et poivrer. Bien mélanger et rectifier l'assaisonnement au besoin.

AU CONCOMBRE

- 24 tranches de pain beurrées (p. 90)
- 10 à 12 concombres libanais (avec la pelure) ou l'équivalent en concombres anglais pelés, coupés en 2, égrenés
- 250 g (9 oz) de fromage à la crème ramolli
- 8 c. à soupe d'aneth ou 6 c. à soupe de ciboulette, hachés finement
- Sel

Trancher les concombres très minces à la mandoline si possible, sinon au couteau. Étaler les tranches sur un linge, saupoudrer de sel, couvrir d'un deuxième linge et laisser dégorger 20 min.

—

Dans un bol, mélanger le fromage et l'herbe choisie. Tartiner les tranches de pain du mélange. Disposer le concombre sur la moitié des tranches avant de superposer la deuxième tranche.

AU JAMBON

- 24 tranches de pain
- 160 ml (⅔ tasse) de beurre ramolli
- 180 ml (¾ tasse) de cornichons salés hachés finement
- 4 c. à soupe de moutarde de Dijon ou à l'ancienne
- 18 tranches de jambon cuit

Dans un bol, mélanger le beurre, les cornichons et la moutarde. Tartiner toutes les tranches de pain. Disposer le jambon sur la moitié des tranches avant de superposer la deuxième tranche.

À LA MOUSSE DE MORTADELLE

- 24 tranches de pain beurrées (p. 90)
- 625 ml (2 ½ tasses) de mousse de mortadelle (p. 32)
- Jeunes épinards ou cresson (facultatif)

Tartiner la moitié des tranches de mousse de mortadelle, garnir de jeunes épinards si désiré et superposer la deuxième tranche.

À LA DINDE OU AU POULET

- 24 tranches de pain beurrées (p. 90)
- 1 l (4 tasses) de dinde ou de poulet cuits, en dés
- 160 ml (⅔ tasse) de céleri haché très finement
- 160 ml (⅔ tasse) de noix de Grenoble ou de pacanes légèrement rôties (p. 152), hachées finement
- 125 à 160 ml (½ à ⅔ tasse) de mayonnaise
- 3 c. à soupe de chutney à la mangue ou aux canneberges (p. 66) ou 2 c. à soupe de moutarde de Dijon ou à l'ancienne
- Sel et poivre du moulin

Dans un bol, mélanger les ingrédients. Saler, poivrer.

AU SAUMON

- 24 tranches de pain beurrées (p. 90)
- 250 g (9 oz) de fromage à la crème ramolli
- 60 ml (¼ tasse) ou plus de gingembre mariné* haché grossièrement ou 125 ml (½ tasse) de cornichons salés hachés finement
- 400 g (14 oz) de saumon fumé ou de gravlax (p. 20)
- Cresson ou jeunes épinards (facultatif)
- Poivre du moulin
- *On trouve le gingembre mariné au supermarché avec les produits asiatiques et dans les épiceries asiatiques.*

Dans un bol, mélanger le fromage et le gingembre et poivrer. Tartiner une tranche du mélange, disposer le saumon, quelques feuilles de cresson si désiré, puis superposer la deuxième tranche.

SAUCE MOUTARDE ET MIEL

Remplacer le fromage à la crème, le gingembre mariné ou les cornichons par 2 c. à soupe de moutarde à l'ancienne, 3 c. à thé de miel, 6 c. à soupe de mayonnaise, ½ c. à thé de zeste de citron râpé, 2 c. à soupe d'aneth haché, du sel et du poivre du moulin.

DOUCEURS

Qu'elles soient pelées, pressées, cuisinées, les clémentines se grignotent en parlant ou en écoutant, en marchant ou en travaillant...

LA CLÉMENTINE IRRRÉSISTIBLE EN SAISON !

CRÈME DE CLÉMENTINES

Merci à Gabrielle Rivard-Hiller pour cette crème veloutée et parfumée dont nous nous sommes régalés à l'émission.

· 5 jaunes d'œufs
· 60 ml (¼ tasse) de sucre
· 2 c. à soupe de jus de citron
· 80 ml (⅓ tasse) de jus de clémentine
· Zeste de 4 clémentines râpé
· 125 ml (½ tasse) de beurre doux froid, en dés

Dans un bol, fouetter les jaunes d'œufs et le sucre jusqu'à ce que le mélange soit mousseux et jaune pâle. Incorporer les jus de citron et de clémentine ainsi que le zeste.

—

Transvider dans une casserole et cuire à feu moyen en fouettant constamment jusqu'à l'obtention d'une consistance très épaisse, au moins 5 min. Ajouter graduellement le beurre sans cesser de fouetter.

—

Verser dans un bol, couvrir de pellicule plastique pour éviter qu'une peau ne se forme et mettre au réfrigérateur.

QUARTIERS CRAQUANTS

Peler et défaire les quartiers. Déposer sur une grille et laisser à température ambiante de 12 à 24 h. La peau sera craquante et l'intérieur juteux.

FONDUE CHOCO RAPIDE

410 ML (1 ⅔ TASSE)
· 250 ml (1 tasse) de crème 15 % à cuisson
· 200 g (7 oz) de chocolat noir (60 à 70 % de cacao) haché finement
· Clémentines en quartiers ou autres fruits

ACCOMPAGNEMENTS (FACULTATIF)
· Sablés nature ou au chocolat (p. 116, 118)
· Biscottis très, très gingembre (p. 124)

Dans une petite casserole, porter la crème à ébullition. Mettre le chocolat dans un bol, verser la crème et brasser jusqu'à ce que le chocolat soit fondu et le mélange onctueux.

—

Servir immédiatement dans 2 ramequins ou dans un petit caquelon à fondue avec les fruits choisis.

Pour se gratifier joyeusement, on le mange
à la cuillère. Mais il est aussi délicieux tartiné
sur des toasts ou du pain brioché, pour
tremper des sablés (p. 116) ou napper
une glace à la vanille. Merci Mario Brossoit.

BUTTERSCOTCH

2 BOCAUX DE 250 ML (1 TASSE)
· 375 ml (1 ½ tasse) de cassonade
· 160 ml (⅔ tasse) de sirop de maïs
· 80 ml (⅓ tasse) d'eau
· 4 c. à soupe de beurre doux
· 2 à 4 c. à soupe de scotch*
· 6 c. à soupe de crème 35 %
* *Si vous n'avez pas de bouteille
de scotch, sachez qu'on peut l'acheter
en mignonnettes.*

Dans une casserole à fond épais, mettre
la cassonade, le sirop de maïs, l'eau et
le beurre. Cuire à feu moyen, en brassant
régulièrement, environ 25 min jusqu'à
consistance de crème épaisse.
—

Laisser tiédir avant d'incorporer le scotch
et la crème en brassant et en fouettant.
Rectifier la consistance au besoin avec un
peu de crème et verser dans des bocaux.

TERRiNE CHOCOLAT ET PRUNEAUX

Chaque bouchée est un bonheur. Conservez précieusement au réfrigérateur et servez en mignardises (personnellement, j'en grignote sans cesse entre les repas, mais bon…). Partagez en deux moules et offrez le deuxième – mais pas à n'importe qui !

· 125 ml (½ tasse) de crème 35 %
· 400 g (14 oz) de chocolat à
  70 % de cacao haché
· 125 ml (½ tasse) de beurre
· 750 ml (3 tasses) de biscuits amarettis
  ou gingersnaps (biscuits secs au gingembre)
  écrasés grossièrement
· 250 ml (1 tasse) de pruneaux hachés
  grossièrement
· 180 ml (¾ tasse) de noisettes
  ou d'amandes mondées, rôties (p. 152),
  hachées grossièrement

PARFUMS, AU CHOIX (FACULTATIF)
· Zeste de 3 oranges finement râpé
· ½ c. à thé de cannelle
· 60 ml (¼ tasse) de Cointreau, de rhum,
  de brandy ou de porto

GARNITURES, AU CHOIX (FACULTATIF)
· Poudre de cacao
· Chocolat blanc ou noir fondu
· Noisettes ou amandes hachées
· Aiguillettes de chocolat (ci-contre)

Couvrir de papier parchemin (en croisant deux bandes) ou de pellicule plastique un petit moule à terrine ou à pain de 8 x 18 cm (3 x 7 po) ou 2 moules de 8 x 15 cm (3 x 6 po).

—

Si les pruneaux ne sont pas moelleux, faire tremper dans l'alcool quelques heures.

Dans une petite casserole (ou au bain-marie), chauffer à feu très doux la crème et le chocolat. Ajouter le beurre et faire fondre en brassant. Incorporer les autres ingrédients et le parfum choisi si désiré et mélanger.

—

Verser dans le moule, égaliser le dessus avec une spatule et en frappant le moule contre la surface de travail. Laisser prendre à température ambiante. Démouler et, si désiré, couvrir de la garniture choisie.

—

Réfrigérer plusieurs heures. Laisser tempérer quelques minutes avant de couper en tranches ou en carrés et servir bien frais.

AIGUILLETTES DE CHOCOLAT
Mettre du chocolat fondu dans un petit sac de congélation dont on a coupé une extrémité. Sur un papier parchemin, tracer de fines lignes. Refroidir.

Une petite douceur pour rester à table à refaire le monde. On peut toujours avoir en réserve du chocolat, des biscuits, du nougat ou des fruits de saison. Et pour ne pas passer des heures au fourneau, voici d'autres idées de desserts minute...

DESSERTS RAPIDES

① AFFOGATO

- **Glace au chocolat, au café, à la vanille, ou autre parfum**
- **Café espresso bien chaud**
- **Cognac, amaretto ou rhum (facultatif)**

GARNITURES (FACULTATIF)
- Grains de café moulus
- Chocolat râpé
- Poudre de cacao

Mettre une boule de la glace choisie dans une tasse ou un verre résistants à la chaleur. Verser le café bien chaud. Si désiré, décorer de la garniture choisie. Déguster ce mélange chaud-froid tout doucement. Si désiré, ajouter une larme d'alcool.

② GLACE, SORBET ET LIQUEUR

Utiliser un sorbet ou une glace de qualité pour un goût inoubliable. Voici quelques mariages heureux :

- **Sorbet aux framboises ou aux fraises, prosecco et, si désiré, graines de grenade (p. 45)**
- **Glace à la vanille, amaretto et amandes effilées rôties**
- **Glace à la vanille ou sorbet au citron et limoncello (p. 147)**
- **Glace au chocolat et cognac ou Cointreau**

À servir dans de jolis verres à fond plat avec une cuillère.

③ CRÈME DE MARRONS ET YOGOURT

- **125 ml (½ tasse), au goût, de crème de marrons vanillée**
- **500 ml (2 tasses) de yogourt grec épais ou méditerranéen 10 %**
- **½ c. à thé de zeste d'orange râpé**

Dans un bol, à l'aide d'une spatule, incorporer la crème de marrons graduellement au yogourt. Parfumer avec le zeste d'orange.

④ RAISINS

En Espagne, pour marquer la nouvelle année, il est coutume de manger à minuit 12 raisins. Chaque raisin, s'il est sucré, représente un bon mois à venir. Servir les raisins dans un bol pour accompagner des mignardises ou les faire givrer de la façon suivante :

Déposer des raisins sans pépins lavés et essuyés sur une plaque et mettre au congélateur au moins 3 h. On peut les conserver dans un contenant hermétique au congélateur jusqu'au moment de servir. Les présenter dans une coupe et les savourer un à un.

Le mélange d'épices, la petite pointe d'anis
et le chocolat en font un gâteau débordant
de saveurs. L'alcool ajoute un « kick »,
mais ne vous privez pas de le faire si vous
n'en avez pas. Nature ou tartiné de chocolat
ou de mascarpone, il est à tomber.

PAIN D'ÉPICE AU
CHOCOLAT

Préchauffer le four à 160 °C (325 °F) et
beurrer un moule cannelé ou un moule
à pain de 13 x 23 cm (5 x 9 po).

—

Dans un bol, à l'aide d'un batteur électrique,
battre les jaunes d'œufs et le sucre jusqu'à
l'obtention d'une consistance épaisse et
crémeuse. Ajouter le chocolat fondu, le zeste
et le jus d'orange, les épices et l'alcool choisi.
Bien mélanger.

—

Monter les blancs d'œufs jusqu'à ce que
des pics fermes se forment. À l'aide
d'une spatule, incorporer en pliant
les blancs d'œufs, le chocolat haché et
les amandes en poudre.

—

Ajouter la farine et mélanger délicatement
jusqu'à ce que l'appareil soit homogène
(il ne devrait pas y avoir de morceaux blancs).

—

Enfourner environ 60 min ou jusqu'à ce
qu'un cure-dent inséré au centre en ressorte
sec. Laisser refroidir 15 min, démouler et
laisser refroidir sur une grille.

—

Servir encore tiède ou à température
ambiante, nature, nappé d'une ganache (p. 106)
ou avec la crème de mascarpone (p. 106).

8 À 10 PORTIONS
- 6 œufs, jaunes et blancs séparés
- 250 ml (1 tasse) de sucre
- 80 ml (⅓ tasse) de chocolat noir
  (60 à 70 % de cacao) fondu
- 2 c. à soupe de zeste d'orange finement râpé
- 60 ml (¼ tasse) de jus d'orange
- 1 c. à thé de cannelle
- 1 c. à thé de piment de la Jamaïque
- 1 c. à soupe de graines d'anis légèrement
  broyées
- 60 ml (¼ tasse) de whisky, de Cointreau ou
  de rhum brun*
- 80 ml (⅓ tasse) de chocolat noir
  (60 à 70 % de cacao) haché grossièrement
- 250 ml (1 tasse) d'amandes en poudre
- 125 ml (½ tasse) de farine

* Ces alcools s'achètent aussi en mignonnettes.

Pour une touche finale encore
plus gourmande...

TROIS GARNITURES

①

GANACHE

②

CRÈME DE
MASCARPONE

... avec le pain d'épice au chocolat (p. 105).

250 ML (1 TASSE)
· 125 ml (½ tasse) de crème 35 %
· 250 ml (1 tasse) de chocolat mi-amer
  ou 60 à 70 % de cacao, haché

Dans une casserole, chauffer la crème jusqu'à
ébullition. Mettre le chocolat dans un bol et
verser la crème bouillante. Laisser reposer
1 min et remuer jusqu'à ce que le chocolat
soit fondu. Tiédir à température ambiante.
La ganache épaissira légèrement. Au service,
napper le pain d'épice au chocolat (p. 105).

... avec le pain d'épice au chocolat (p. 105),
les scones (p. 74) ou le gâteau à l'orange de
Dyan (p. 111).

· 125 à 180 ml (½ à ¾ tasse) de crème 35 %
· 180 ml (¾ tasse) de mascarpone
· ½ c. à thé d'extrait de vanille
· Sucre à glacer ou miel
· Poudre de cacao (facultatif)

Dans un bol, à l'aide d'un batteur électrique
ou d'un fouet, incorporer graduellement la
crème au mascarpone jusqu'à la consistance
désirée. Ajouter la vanille et un peu de sucre à
glacer ou de miel, au goût. Servir avec le pain
d'épice au chocolat (p. 105) et saupoudrer de
cacao si désiré.

③

CRÈME ANGLAISE
DÉCADENTE

Cette sauce incomparable accompagne le pouding vapeur à la clémentine (p. 109) et le gâteau à l'orange de Dyan (p. 111).

625 ML (2 ½ TASSES)
- 250 ml (1 tasse) de crème 35 % et 250 ml (1 tasse) de lait 2 % ou 500 ml (2 tasses) de lait entier
- 1 gousse de vanille
- 5 jaunes d'œufs
- 80 ml (⅓ tasse) de sucre
- 1 pincée de sel

Utiliser une casserole à fond très épais. Verser la crème et le lait. Fendre la gousse de vanille en deux et, à l'aide d'un couteau, retirer les graines. Ajouter la gousse et les graines. Porter à ébullition. Retirer du feu et laisser infuser la vanille 10 min.

—

Dans un bol, fouetter les jaunes d'œufs avec le sucre et le sel jusqu'à ce que la préparation devienne jaune pâle sans mousser.

—

Retirer la gousse de vanille et gratter pour récupérer toutes les graines. En fouettant, verser la crème sur la préparation aux œufs.

—

Remettre dans la casserole et cuire, à feu doux, en remuant constamment 5 min jusqu'à ce que la crème soit assez épaisse pour napper le dos d'une cuillère. Transvider aussitôt dans un bol. Couvrir de pellicule plastique pour éviter qu'une peau ne se forme.

POUDING
VAPEUR À LA CLÉMENTINE

Le moelleux du gâteau chaud et l'onctueux de la crème, c'est tout bon !

6 À 8 PORTIONS
- 2 clémentines
- 250 ml (1 tasse) de farine
- 1 c. à thé de poudre à pâte
- 1 pincée de sel
- 1 c. à soupe de gingembre moulu
- ¼ c. à thé de cannelle
- 125 ml (½ tasse) de beurre doux à température ambiante
- 180 ml (¾ tasse) de sucre
- 2 œufs légèrement battus
- 2 c. à thé d'extrait de vanille
- 4 c. à soupe de marmelade d'oranges

Beurrer généreusement un moule à pouding ou un cul-de-poule de 1,25 l (5 tasses) et placer un cercle de papier ciré au fond.

—

Passer sous l'eau froide une clémentine et bien l'essuyer. Tailler en tranches fines. Enrober d'un peu de sucre et disposer au fond du moule.

—

Peler l'autre clémentine. Dans une assiette, couper en petits morceaux et réserver avec son jus.

Dans un petit bol, mélanger la farine, la poudre à pâte et le sel, le gingembre et la cannelle.

—

À l'aide d'un batteur électrique, battre le beurre et le sucre jusqu'à ce que le mélange soit crémeux et léger. Ajouter les œufs, la vanille, la marmelade et mélanger. À l'aide d'une spatule, incorporer les ingrédients secs en pliant. Ajouter la clémentine et son jus et bien mélanger.

—

Verser l'appareil dans le moule. Beurrer un cercle de papier ciré ou parchemin et disposer au-dessus. Couvrir le moule de papier d'aluminium et fixer fermement avec une corde. Déposer le moule dans une casserole et verser de l'eau bouillante jusqu'aux deux tiers du moule. Couvrir. Laisser frémir à feu doux 1 h 40.

—

Au moment de servir, pour réchauffer le pouding, placer le moule dans une casserole. Verser de l'eau bouillante jusqu'au tiers du moule et laisser frémir à couvert de 30 à 40 min.

—

Servir avec la crème anglaise décadente (p. 107), une glace à la vanille ou la crème fouettée au gingembre ou à la cannelle (p. 46).

GÂTEAU
À L'ORANGE
DE DYAN

Quand Dyan Solomon de chez Olive &
Gourmando a fait ce gâteau à l'émission,
toute l'équipe, après y avoir goûté,
s'est promis de le faire. Quoi ajouter?

8 À 10 PORTIONS
GÂTEAU
· 250 ml (1 tasse) de beurre doux
  à température ambiante
· 330 ml (1 ⅓ tasse) de sucre
· Zeste de 4 oranges râpé finement
· Zeste de 1 citron râpé finement
· 625 ml (2 ½ tasses) d'amandes en poudre
· 5 gros œufs à température ambiante,
  légèrement battus
· 180 ml (¾ tasse) de farine
· 1 c. à thé de sel

SIROP
· Jus de 1 orange et de 1 citron
· 80 ml (⅓ tasse) de sucre

GARNITURES (FACULTATIF)
· Sucre à glacer
· Zeste d'orange

Préchauffer le four à 180 °C (350 °F).
Beurrer un moule à charnière de 23 cm (9 po)
et le chemiser de papier parchemin.

—

Dans un grand bol, à l'aide d'un batteur
électrique, mélanger à basse vitesse le beurre,
le sucre et les zestes, sans incorporer trop
d'air. (On peut aussi utiliser un mélangeur
sur socle.)

—

Ajouter la moitié des amandes. Toujours
à basse vitesse, incorporer les œufs battus,
puis le reste des amandes, la farine et
le sel. Mélanger jusqu'à l'obtention d'une
consistance homogène.

—

Verser l'appareil dans le moule et égaliser
à l'aide d'une cuillère. Cuire 45 min et
couvrir de papier d'aluminium. Poursuivre
la cuisson de 10 à 15 min. Pour vérifier la
cuisson, piquer avec la pointe d'un couteau :
le gâteau doit être à peine humide.

—

Quelques minutes avant de sortir le gâteau
du four, préparer le sirop. Dans une casserole,
porter à ébullition les jus et le sucre. Lorsque
le sucre est complètement dissous et que
la consistance est sirupeuse, retirer du feu.

—

Aussitôt le gâteau sorti du four, le
badigeonner de sirop chaud. Laisser refroidir
complètement avant de démouler. Si désiré,
saupoudrer le dessus de sucre à glacer et
garnir de zeste d'orange. Un délice, seul ou
accompagné de la crème anglaise décadente
(p. 107).

À la demande générale de... Dominique, qui a fait les si belles photos du livre. Une pâte facile à travailler, parfumée au bon goût de l'enfance. Merci Nick Malgieri de nous avoir permis d'adapter la recette de votre livre *Cookies Unlimited* (HarperCollins). Merci Kiara et Jules d'avoir joué les apprentis pâtissiers.

BISCUITS EN PAIN D'ÉPICE

ENVIRON 24 BISCUITS
- 560 ml (2 ¼ tasses) de farine
- 2 c. à thé de gingembre moulu
- 1 ½ c. à thé de cannelle
- ¾ c. à thé de noix de muscade râpée ou moulue
- ½ c. à thé de clou de girofle moulu
- ¼ c. à thé de bicarbonate de soude
- ¼ c. à thé de sel
- 125 ml (½ tasse) de beurre doux à température ambiante
- 80 ml (⅓ tasse) de cassonade tassée
- 80 ml (⅓ tasse) de mélasse
- 1 œuf

GLAÇAGE (FACULTATIF)
- Glace royale (p. 114)

Dans un bol, tamiser les ingrédients secs et réserver.

—

À l'aide d'un batteur électrique, battre le beurre et la cassonade 1 min. Lorsque l'appareil est crémeux, ajouter la mélasse et l'œuf. Mélanger encore 2 min à vitesse moyenne.

Verser en trois temps les ingrédients secs. Incorporer le dernier tiers avec une cuillère en bois.

—

Diviser la pâte en deux, former des disques d'environ 2,5 cm (1 po) d'épaisseur et emballer de pellicule plastique. Réfrigérer au moins 2 h. (On peut également préparer la pâte la veille. Il faudra la laisser à température ambiante plus longtemps avant de l'abaisser.)

—

Préchauffer le four à 180 °C (350 °F).

—

Sortir la pâte du réfrigérateur et la laisser tempérer quelques minutes jusqu'à ce qu'elle soit facile à abaisser. Sur un papier parchemin fariné, à l'aide d'un rouleau à pâtisserie, abaisser la pâte jusqu'à 0,5 cm (¼ po) d'épaisseur. (Ajouter un peu de farine au besoin.) Si la pâte est molle, la remettre au réfrigérateur 15 min avant de tailler les biscuits à l'emporte-pièce. (Fariner l'emporte-pièce à l'occasion.) Déposer sur une plaque tapissée de papier parchemin.

—

Cuire au four de 10 à 12 min, selon la grosseur des biscuits. Refroidir sur une grille et décorer avec la glace royale si désiré.

—

Conservation : Plusieurs jours, rangés dans un récipient hermétique.

TRUCS ET ASTUCES

- Si la pâte est trop molle, la remettre au frigo avant de la tailler.
- Fariner le plan de travail, puis saupoudrer de farine au besoin.
- Rouler la pâte du centre vers l'extérieur jusqu'à 3 mm (⅛ po) d'épaisseur.
- Fariner légèrement l'emporte-pièce et presser en commençant par l'extérieur du disque de pâte. Fariner l'emporte-pièce à l'occasion.
- Les étampes à embosser s'emploient de la même façon : fariner légèrement et poser en pressant sur la pâte.
- Pour percer un trou dans les biscuits, utiliser la pointe d'une baguette, avant la cuisson et de nouveau à la sortie du four.
- Pour décorer les biscuits avec la glace royale, utiliser un petit sac de congélation dont on a coupé une extrémité ou une poche avec une douille fine.

CONSERVATION
- Laisser refroidir complètement les biscuits avant de les ranger dans un récipient hermétique.
- Placer du papier parchemin entre chaque étage de biscuits.
- Ne pas ranger dans le même récipient des biscuits secs et des biscuits tendres.

GLACE ROYALE

250 ML (1 TASSE)
- Blanc d'un gros œuf
- 430 ml (1 ¾ tasse) de sucre à glacer
- 1 ½ c. à thé de jus de citron

Dans un petit bol, mélanger avec une fourchette les ingrédients jusqu'à l'obtention d'une consistance lisse. Transvider dans une poche munie d'une douille fine ou dans un sac de congélation dont on a coupé une extrémité. Décorer vos biscuits et laisser sécher à température ambiante.

UN CŒUR EN BONBON
Enfoncer le cœur dans la pâte avant la cuisson. S'il se détache, le coller avec une pointe de glace royale.

SABLÉS

Ces biscuits ne sont pas devenus de grands classiques sans raison. Peu sucrés, tout en finesse, ils se déclinent en différents parfums, en différentes formes. On peut les rouler, les découper, les embosser, les tremper et les glacer. Les accompagner d'un thé, d'un chocolat ou d'un lait chaud (p. 48), de romarin givré (p. 153). Les offrir ou les garder...

- 500 ml (2 tasses) de farine ou 375 ml
  (1 ½ tasse) de farine et
  125 ml (½ tasse) de farine de riz
- 160 ml (⅔ tasse) de sucre à glacer
  ou de sucre
- ½ c. à thé de sel
- 2 c. à thé d'extrait de vanille
- Sucre demerara ou blanc (facultatif)

PRÉPARATION AU ROBOT CULINAIRE
- 250 ml (1 tasse) de beurre doux froid,
  en cubes

PRÉPARATION AU MALAXEUR
- 250 ml (1 tasse) de beurre doux
  à température ambiante, en morceaux

LA PÂTE

Au robot culinaire : Combiner les ingrédients secs et mélanger 30 s. Ajouter le beurre et la vanille, en actionnant par touches successives, puis mélanger jusqu'à l'obtention d'une boule homogène. Si nécessaire, travailler la pâte avec les mains, mais pas trop.

—

Au malaxeur ou au batteur électrique : Battre le beurre, le sucre et la vanille jusqu'à ce que le mélange soit homogène et crémeux. Tamiser les autres ingrédients secs avant de les ajouter. Poursuivre à basse vitesse jusqu'à l'obtention d'une boule homogène. Mettre au réfrigérateur 30 min.

LA DÉCOUPE

En pointes ou en rectangles : Transférer la pâte dans un moule à charnière ou une assiette à tarte de 23 à 25 cm (9 à 10 po) préalablement beurrés. Presser avec les doigts pour égaliser la pâte. Marquer le contour avec les dents d'une fourchette et, à l'aide d'un couteau tranchant, diviser en 8 pointes. Piquer chaque pointe avec une fourchette. On peut aussi utiliser un moule carré de 20 cm (8 po) et tailler la pâte en rectangles. Saupoudrer de sucre si désiré.

—

À l'emporte-pièce – 24 biscuits : Déposer la pâte sur du papier parchemin et, à l'aide d'un rouleau à pâtisserie, abaisser à 0,5 cm (¼ po) d'épaisseur. Mettre au réfrigérateur jusqu'à ce que la pâte se raffermisse. Découper avec un emporte-pièce préalablement fariné. Disposer les biscuits sur une plaque antiadhésive ou tapissée de papier parchemin en laissant 2,5 cm (1 po) entre chacun.

—

À partir de rouleaux – 40 biscuits : Diviser la pâte en deux et façonner 2 rouleaux de 4 à 5 cm (1 ½ à 2 po) de diamètre. Envelopper les rouleaux individuellement dans une pellicule plastique et mettre au réfrigérateur 2 h. Tailler des rondelles de 0,5 cm (¼ po) d'épaisseur. Disposer les biscuits sur une plaque anti-adhésive ou tapissée de papier parchemin en laissant 2,5 cm (1 po) entre chacun.

LA CUISSON

Préchauffer le four à 160 °C (325 °F).

—

Biscuits en pointes ou en rectangles : Cuire de 30 à 35 min. En sortant du four, repasser sur les lignes de coupe avec un couteau. Laisser refroidir 10 min avant de démouler.

—

Biscuits à l'emporte-pièce : Cuire de 17 à 20 min selon la grosseur du biscuit. Laisser refroidir sur une grille.

—

Biscuits à partir de rouleaux : Cuire environ 12 min. Laisser refroidir sur une grille.

SABLÉS AU
GINGEMBRE

Dans la pâte à sablés (p. 116), ajouter aux ingrédients secs 2 c. à thé de gingembre moulu et incorporer à la pâte 80 ml (⅓ tasse) de gingembre confit finement haché.

SABLÉS
AU CHOCOLAT

Pour la pâte à sablés (p. 116), utiliser 375 ml (1 ½ tasse) de farine, 125 ml (½ tasse) de poudre de cacao, 250 ml (1 tasse) de sucre à glacer et le reste des ingrédients.

Les shortbreads choco sont bons nature, mais, pour ceux qui sont très chocolat, doublez le plaisir...

Chauffer 60 g (2 oz) de chocolat noir (50 à 72 % de cacao) au bain-marie ou au micro-ondes. Incorporer quelques gouttes d'huile de canola ou de pépins de raisin. Placer les biscuits sur une grille et les garnir de chocolat, à l'aide d'une poche à douille ou d'une petite cuillère ou simplement en tremper une partie.

Normalement, c'est pour les petits, mais
essayez donc d'expliquer ça aux grands...

BISCUITS CHOCO À LA CRÈME GLACÉE

7 OU 8 SANDWICHS
· 2 l (8 tasses) de glace, parfum au choix
· 1 recette de pâte à sablés au chocolat (p. 118)

Préparer d'abord la glace. Couvrir de papier
d'aluminium le fond et les parois de 2 moules
carrés de 20 cm (8 po). Partager la glace dans
les moules. Avec une spatule ou le dos d'une
cuillère, égaliser la glace pour obtenir 1,5 à
2 cm (½ à ¾ po) d'épaisseur. Couvrir d'une
pellicule plastique et remettre au congélateur
de 4 à 6 h ou jusqu'à ce qu'elle soit ferme.

—

Pendant ce temps, préparer les biscuits.
Sur une surface farinée, rouler la pâte jusqu'à
0,5 cm (¼ po) d'épaisseur, en ajoutant de
la farine, au besoin.

—

Tailler la pâte avec un emporte-pièce ou
découper des carrés ou des rectangles avec
un couteau. Disposer les biscuits, en laissant
2,5 cm (1 po) d'espace entre chacun, sur une
plaque tapissée de papier parchemin. Suivre
les indications pour la cuisson (p. 116).

Une fois la glace prise, sortir le premier moule
du congélateur et démouler la glace avec
le papier d'aluminium. Tailler en utilisant le
même emporte-pièce et placer entre 2 biscuits.
Presser légèrement pour que le sandwich
se tienne. Emballer individuellement d'une
pellicule plastique et mettre aussitôt au
congélateur. Répéter avec le deuxième moule
de glace. (Garder les retailles de glace pour un
autre dessert, p. 102.)

—

Conservation : Les biscuits à la crème
glacée gagnent à être préparés à l'avance.
Ils se conservent plusieurs jours.

VERSION FACILE ET RAPIDE
Préparer des biscuits avec un emporte-
pièce circulaire de 8 cm (3 po) de diamètre,
ce qui correspond au diamètre des petits
contenants de 500 ml (2 tasses) de certaines
marques de glace. À l'aide de ciseaux,
découper l'emballage en carton et passer
un couteau autour de la glace. La retirer du
contenant et la couper en tranches. Placer
chacune entre 2 biscuits. On trouve aussi
du yogourt glacé et des desserts glacés au
lait de soya dans ce même format pratique
et rapide pour la réalisation de sandwichs
glacés exquis.

BISCUITS MIEL ET NOIX (MELOMAKARONA)

Malgré ses origines grecques, ce biscuit a tout d'une douceur d'hiver. Il parfume la maison et, en plus, il se travaille à la main. *Efcharisto*, merci à Anne-Marie Stavropoulos de m'avoir fait découvrir... et adopter ce délice du livre *42 recettes : une belle excuse.*

48 BISCUITS

- 310 ml (1 ¼ tasse) d'huile d'olive
- 125 ml (½ tasse) de sucre
- 2 jaunes d'œufs
- 60 ml (¼ tasse) de brandy ou de Metaxa
- 125 ml (½ tasse) de jus d'orange
- 1 l (4 tasses) de farine
- ½ c. à thé de bicarbonate de soude
- 1 c. à thé de poudre à pâte
- 1 c. à soupe de cannelle moulue
- ½ c. à soupe de noix de muscade râpée ou moulue
- ½ c. à soupe de clou de girofle moulu
- ¼ c. à thé de sel

SIROP

- 125 ml (½ tasse) de sucre
- 125 ml (½ tasse) de miel
- 250 ml (1 tasse) d'eau

GARNITURE

- 250 ml (1 tasse) de noix de Grenoble hachées finement (presque moulues)
- ½ c. à thé de cannelle moulue

Préchauffer le four à 180 °C (350 °F). Placer la grille dans le haut du four.

—

Dans un grand bol, fouetter l'huile avec le sucre et les jaunes d'œufs, 2 min. Ajouter l'alcool et le jus d'orange.

—

Dans un autre bol, tamiser la farine, le bicarbonate de soude, la poudre à pâte, les épices et le sel. Ajouter graduellement au premier mélange en brassant à l'aide d'une cuillère en bois.

—

Tapisser une plaque de papier parchemin. Former de petites boules de la grosseur d'une noix de Grenoble. Déposer sur la plaque. Cuire au four de 20 à 22 min jusqu'à ce que les biscuits soient dorés.

—

Pendant ce temps, dans une petite casserole, mélanger les ingrédients du sirop et porter à ébullition. Laisser frémir 5 min.

—

Dans un petit bol, mélanger les noix et la cannelle.

—

À la sortie du four, laisser refroidir les biscuits sur une grille.

—

Chauffer le sirop. À l'aide d'une cuillère trouée ou de 2 fourchettes, plonger les biscuits quelques-uns à la fois dans le sirop chaud. Laisser tremper de 15 à 20 s de chaque côté. Les transférer dans une assiette et les saupoudrer du mélange de noix et de cannelle avant de les remettre sur une grille.

Craquant, au propre et au figuré. Le «kick» du gingembre fait sourire les papilles.

24 BISCUITS

- 125 ml (½ tasse) de beurre doux à température ambiante
- 180 ml (¾ tasse) de cassonade bien tassée ou de sucre
- 2 œufs
- 180 ml (¾ tasse) d'amandes mondées ou non, légèrement rôties (p. 152), hachées grossièrement
- 625 ml (2 ½ tasses) de farine
- 1 c. à thé de poudre à pâte
- 2 c. à thé de gingembre moulu
- 3 à 4 c. à soupe de gingembre frais taillé très finement en aiguillettes
- 125 à 160 ml (½ à ⅔ tasse) de gingembre confit haché finement
- 1 blanc d'œuf battu
- Sucre demerara ou blanc (facultatif)

BISCOTTIS
TRÈS, TRÈS GINGEMBRE

Préchauffer le four à 180 °C (350 °F). Tapisser une plaque de papier parchemin ou d'une feuille de silicone.

—

Dans un bol, à l'aide d'un batteur électrique ou d'un robot culinaire, battre en crème le beurre et la cassonade environ 2 min. Ajouter les œufs un à un en mélangeant entre chacun.

—

Dans un autre bol, mélanger les amandes hachées, la farine, la poudre à pâte et tout le gingembre. Ajouter au premier mélange en brassant avec une cuillère en bois et terminer avec les mains légèrement farinées. (Au besoin, ajouter un peu de farine à la préparation.)

—

Diviser la pâte en deux parts égales et façonner deux rouleaux de 6 cm (2 ½ po) de diamètre. Aplatir légèrement le dessus. Déposer les rouleaux sur la plaque en les espaçant de 8 cm (3 po). Badigeonner avec le blanc d'œuf et saupoudrer de sucre si désiré.

—

Cuire les rouleaux au centre du four de 25 à 30 min jusqu'à ce qu'ils soient légèrement dorés. Sortir du four et laisser tempérer de 10 à 15 min sur une grille.

—

Baisser la température du four à 150 °C (300 °F).

—

À l'aide d'un bon couteau à pain, tailler en diagonale les rouleaux en tranches de 1,5 cm (½ po) d'épaisseur. Remettre les biscottis à plat sur la plaque et poursuivre la cuisson au four de 10 à 15 min de chaque côté jusqu'à ce qu'ils soient secs. Laisser refroidir sur une grille.

Conservation : Les garder dans une boîte métallique ou un contenant hermétique.

BISCUITS
CANNEBERGES
ET
PISTACHES

Chaque année avant les Fêtes, les magazines regorgent de recettes de biscuits. Et, même si on a ses préférées, ses recettes de famille, ses classiques, on se laisse tenter... Moi, j'ai craqué pour ces biscuits de Susan Feniger et Mary Sue Milliken du Border Grill à Santa Monica.

24 À 36 BISCUITS
· 250 ml (1 tasse) de beurre doux
  à température ambiante
· 125 ml (½ tasse) de sucre à glacer
· 1 c. à soupe d'extrait de vanille
· ½ c. à thé de sel
· 125 ml (½ tasse) de pistaches
  hachées grossièrement
· 125 ml (½ tasse) de canneberges séchées
· 625 ml (2 ½ tasses) de farine
· Sucre à glacer pour l'enrobage

Préchauffer le four à 180 °C (350 °F). Beurrer ou tapisser de papier parchemin une plaque.

—

À l'aide d'un batteur électrique, battre en crème le beurre et le sucre à glacer jusqu'à ce que le mélange soit léger.

—

Ajouter la vanille et le sel. Incorporer les pistaches et les canneberges à l'aide d'une spatule. Ajouter la farine sans trop mélanger.

—

Prendre une cuillerée comble du mélange et former des boules de 4 cm (1 ½ po) ou des quenelles de 6 cm (2 ½ po) de long.

—

Déposer sur une plaque en laissant 2,5 cm (1 po) entre chaque biscuit. Cuire au four environ 16 min.

—

Mettre les biscuits sur une grille 10 min. Alors qu'ils sont encore tièdes, dans une assiette creuse, bien les enrober de sucre en poudre. Les remettre sur la grille ou sur une feuille de papier parchemin.

—

Conservation : Au moins 4 à 5 jours dans un récipient hermétique.

CADEAUX

BISCUITS POUR PiTOU P./130
NOURRIR LES OiSEAUX EN HIVER +
GUiRLANDE P./132
EMBALLAGE+CADEAU P./134
BâTONNETS DE CHEDDAR AU SéSAME P./142

Pour se faire des amis...

BiSCUITS POUR
PITOU

24 BISCUITS
- 125 ml (½ tasse) de semoule de maïs
- 500 ml (2 tasses) de farine de blé entier ou autre farine
- 80 ml (⅓ tasse) d'huile, de beurre, de gras de canard ou un mélange de ces gras
- 1 œuf battu
- 250 ml (1 tasse) de fromage, de carottes ou de pommes, râpés finement
- 160 ml (⅔ tasse) d'eau ou de bouillon
- Une pincée de sel

GARNITURE (FACULTATIF)
- Gras de bacon

Préchauffer le four à 160 °C (325 °F).

—

Dans un bol, mélanger à la cuillère ou avec les mains tous les ingrédients jusqu'à l'obtention d'une boule compacte. Ajouter un peu de farine au besoin.

—

Sur une surface farinée, à l'aide d'un rouleau à pâtisserie, abaisser la pâte à 1 cm (⅜ po) d'épaisseur. Découper avec un emporte-pièce fariné ou au couteau des carrés ou des rectangles.

—

Déposer sur une plaque antiadhésive et, si désiré, badigeonner les biscuits de gras de bacon. Enfourner et cuire de 30 à 40 min, selon la grosseur.

—

Conservation : Dans un récipient hermétique au réfrigérateur ou au congélateur.

Dans un arbre, accrocher des petits pains de graines, des tranches d'orange, des guirlandes de canneberges. Avec un petit bassin d'eau (non glacée), c'est le party !

NOURRIR LES OISEAUX EN HIVER

1,625 L (6 ½ TASSES)
· 500 ml (2 tasses) de suif (gras de bœuf)
· 1,5 l (6 tasses) d'un mélange de graines pour oiseaux
· 125 ml (½ tasse) de canneberges séchées (facultatif)
· 3 coquilles d'œufs, vidées, lavées, séchées et broyées
· Contenants vides de formats différents
· Corde ou ficelle

Dans une grande casserole, faire fondre le suif à feu moyen. Retirer du feu, ajouter les graines, les canneberges si désiré, les coquilles d'œufs et mélanger.

—

Verser le mélange obtenu dans des contenants de plastique ou de carton recyclés en prenant soin de placer une corde ou une ficelle au fond de chaque contenant. Bien compacter le mélange. Mettre au congélateur au moins 3 h. Démouler et suspendre à l'extérieur **uniquement lorsque la température est sous le point de congélation.**

GUIRLANDE

· 1 aiguille
· 1 m (3 pi) de fil de pêche
· 1,5 l (6 tasses) de maïs soufflé ou de canneberges fraîches

Enfiler sur l'aiguille le fil et faire un gros nœud à une extrémité du fil pour maintenir les maïs ou les canneberges. Monter la guirlande en glissant le maïs soufflé ou les canneberges sur le fil. Suspendre à l'extérieur.

À la maison ou durant mes promenades, j'ouvre l'œil et je grappille : des objets du quotidien, contenants, ustensiles, matériaux, végétaux et autres trésors qui trouveront une nouvelle vie en habillant mes cadeaux.

EMBALLAGE+CADEAU

MAGASIN D'ARTICLES DE CUISINE ET DE MATÉRIEL POUR LA PÂTISSERIE
POUR DES EMBALLAGES À CONSERVER

MOULES EN MÉTAL
POUR OFFRIR UN CAKE,
UN POUDING VAPEUR
OU MÊME DES BISCUITS
P. 128
PHOTO 2
+
BOÎTES EN MÉTAL
+
BOCAUX OU CONTENANTS
EN VERRE
PHOTO 8
+
PETITS MOULES À CAKES
OU À MUFFINS EN PAPIER
+
LINGES À VAISSELLE
+
NAPPERONS
+
SERVIETTES EN TISSU
À NOUER EN BALUCHON
PHOTO 2
+
FILETS OU PANIERS
À PROVISIONS
+
EMPORTE-PIÈCES, CUILLÈRES
EN BOIS, MINIFOUETS...
À FIXER À L'EMBALLAGE AVEC
UN RUBAN OU UNE FICELLE,
EN TOUCHE FINALE
+
POCHES À PÂTISSERIE ET
DOUILLES DE FORMES DIVERSES
+
COTON À FROMAGE

QUINCAILLERIE
LES MATÉRIAUX DE BASE LES PLUS UTILES ET SOUVENT LES PLUS ORIGINAUX

FICELLE, CORDE DE CHANVRE
OU AUTRE FIBRE
PHOTO 1
+
FIL DE NYLON OU DE PÊCHE
POUR LES GUIRLANDES
+
FIL DE FER POUR ATTACHER
DES PAMPILLES,
DES ÉTIQUETTES OU ENTOURER
BOÎTES ET BOUTEILLES
PHOTO 9
+
PINCES À LINGE
POUR FERMER LES SACHETS
PHOTO 8
+
PAPIER PEINT :
CARRÉS À ROULER EN CÔNES
OU ÉCHANTILLONS
POUR COUVRIR BOÎTES ET POTS
PHOTO 2
+
BOCAUX EN VERRE
POUR LES CONSERVES MAISON
PHOTO 9
+
POTS EN TERRE CUITE
ET SOUCOUPES À UTILISER
COMME COUVERCLES
+
CACHE-POTS
+
BOUCHONS DE LIÈGE
DE DIMENSIONS VARIÉES POUR
FERMER UN POT EN VERRE OU
EN CÉRAMIQUE RECYCLÉ
+
BOUGIES ET LAMPIONS
POUR RÉCHAUFFER L'AMBIANCE
PHOTO 3
+
PISTOLET À COLLE

ANTIQUAIRE, MARCHÉ AUX PUCES OU VENTE DE GARAGE
DES TROUVAILLES QUI DEVIENNENT DE PETITS TRÉSORS

BOÎTES ANCIENNES
EN MÉTAL
P. 143
+
TASSES OU BOLS
DÉPAREILLÉS
+
BOUTEILLES,
CONTENANTS EN VERRE,
PYREX AVEC COUVERCLE
PHOTO 2
+
COLLECTIONS
DE PETITES CUILLÈRES
+
USTENSILES EN BOIS
+
BOUQUINS
(MANUELS DE BOTANIQUE)
AVEC DES GRAVURES ET
DES ILLUSTRATIONS À
DÉCOUPER OU À PHOTOCOPIER
COMME EMBALLAGE
OU ÉTIQUETTES

PAPETERIE
ET BOUTIQUE DE
MATÉRIEL D'ART
DES HEURES DE PLAISIR !

PAPIER KRAFT,
PAPIER CRÊPE, BRISTOL,
CARTON ONDULÉ...
+
PAPIER ARTISANAL
+
SACHETS
TRANSPARENTS,
SACS EN PAPIER
PHOTO 8
+
GRAND ROULEAU
DE CELLOPHANE
TRANSPARENT
+
BOÎTES EN CARTON,
EN BOIS
+
RUBANS ADHÉSIFS
DE COULEUR
OU IMPRIMÉS
(WASHI)
+
PINCES
DE TOUTES SORTES
POUR FERMER LES SACS,
LES SACHETS ET
LES CORNETS EN PAPIER
+
POCHOIRS
(LETTRES OU CHIFFRES)
POUR TRACER
DES MESSAGES
+
ÉTAMPES DE LETTRES
OU DE MOTIFS
PHOTO 9
+
POINÇONS
POUR ATTACHER
LES ÉTIQUETTES ET
LES RUBANS
+
ÉTIQUETTES
VARIÉES
PHOTO 8
+
CRAYONS FEUTRES
INDÉLÉBILES POUR
TOUTES LES SURFACES
(VERRE, TISSU)

MAGASIN DE TISSUS
POUR FABRIQUER
POCHETTES, SACHETS ET
PETITS PAQUETS

TOILE DE LIN,
COTON OU JUTE NATUREL
+
TARTAN ÉCOSSAIS,
TISSU À RAYURES...
+
FEUTRINE
OU LAINE BOUILLIE,
BLANCHE
OU DE COULEUR
+
TISSU
POUR TORCHONS
VENDU AU MÈTRE
+
RUBANS
OU CORDONS
P. 128

ÉPICERIE
LE POINT DE DÉPART DE
TOUS NOS PLAISIRS

BRANCHES
DE ROMARIN OU
DE LAURIER
PHOTO 1
+
BÂTONS
DE CANNELLE OU
ANIS ÉTOILÉS
PHOTO 7
+
GROS SEL
PHOTO 3
+
SACS EN PAPIER
BLANC OU KRAFT
+
PAPIER PARCHEMIN
POUR EMBALLER OU
INTERCALER ENTRE LES
ÉTAGES DE BISCUITS
PHOTO 8
+
FICELLE
DE BOUCHER
PHOTO 1

FORÊT, FLEURISTE OU
MARCHAND DE SAPINS
POUR CRÉER AVEC
TROIS FOIS RIEN

BRANCHES AVEC DES BAIES
+
SAPINAGE ET BRINDILLES
DE TOUTES SORTES
+
BÛCHES SCIÉES EN RONDELLES
+
POMMES DE PIN
DE TOUTES LES TAILLES
+
MOUSSE VERTE

RÉCUPÉRATION
RECYCLER ENCORE ET ENCORE...

CORDONS, RUBANS ET
LARGES ÉLASTIQUES
PHOTO 6
+
CAISSES DE VIN EN BOIS
+
PANIERS EN OSIER,
EN FIL DE FER OU PASSOIRES
+
CAGEOTS ET PANIERS
DE FRUITS EN BOIS
+
PANIERS CHINOIS VAPEUR
AVEC COUVERCLE
+
BOÎTES DE CONSERVE
PHOTO 2
+
PAPIERS D'EMBALLAGE,
VIEILLES AFFICHES OU
RETAILLES DE PAPIER PEINT
PHOTO 6
+
POTS ET BOCAUX
EN VERRE
POUR DES PHOTOPHORES
IMPROVISÉS
PHOTO 3
+
BOUTEILLES
EN VERRE SANS INSCRIPTION
NI ÉTIQUETTE
PHOTO 9

PHOTO 3 Rien ne peut remplacer la lumière des bougies : un récipient en verre, du gros sel, de fines bougies et une allumette. PHOTO 6 Des idées de cadeaux de table : tablettes de chocolat réemballées avec du papier artisanal, une feuille de musique, la page d'un livre, une carte géographique, laissons aller l'inspiration..., minipot de caramel (p. 150) ou de butterscotch (p. 98), un biscuit ou deux dans un sachet... PHOTO 8 Des cadeaux faits maison : les biscottis très, très gingembre (p. 124) dans un sachet scellé par un carton replié, agrafé et retenu par une pince à linge. Des sablés (p. 116) découpés de la grandeur du bocal qui les contiendra. PHOTO 9 Des conserves maison, on en prépare un peu plus pour en offrir : limoncello (p. 147), crème de clémentines (p. 96). Et, pour les emballer, on joue avec des contenants recyclés, des étiquettes improvisées, du fil de fer, de la corde, des étampes, des crayons feutres indélébiles...

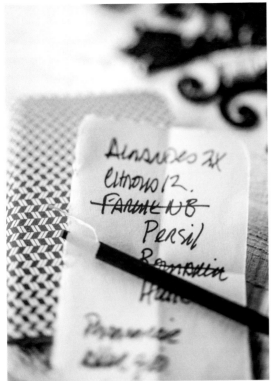

BâTONNETS DE CHEDDAR AU SÉSAME

24 BÂTONNETS

- 6 c. à soupe de beurre froid
- 180 ml (¾ tasse) de farine
- ½ c. à thé de sel
- ⅛ c. à thé ou moins de piment de Cayenne
- 250 ml (1 tasse) de cheddar fort râpé
- 3 c. à soupe de graines de sésame blanches ou noires rôties, de graines de nigelle ou de fenouil

Recette tirée du livre *À la di Stasio 3*.

Mettre le beurre dans le bol du robot culinaire et actionner en ajoutant la farine, le sel et le piment de Cayenne jusqu'à ce que le mélange ait une consistance granuleuse. Ajouter le cheddar et 2 c. à soupe de graines de sésame, puis mélanger de nouveau par touches successives jusqu'à ce que la pâte forme une boule.

—

Préchauffer le four à 200 °C (400 °F).

—

Sur une surface farinée, abaisser la pâte à l'aide d'un rouleau à pâtisserie pour obtenir un rectangle de 10 x 30 cm (4 x 12 po). Réfrigérer au moins 30 min.

—

Saupoudrer la pâte du reste de graines de sésame. Passer le rouleau sans presser pour fixer le sésame. Tailler des bâtonnets de 1,5 cm (½ po) de largeur.

À l'aide d'une spatule, les transférer sur une plaque antiadhésive ou couverte de papier parchemin. Cuire au centre du four de 7 à 10 min jusqu'à ce que les bâtonnets soient dorés. Laisser refroidir sur la plaque.

NOTA BENE

QUELQUES RECETTES DES LiVRES PRéCéDENTS à AVOiR SOUS LA MAiN

PACANES CARAMéLiSéES

Servir à l'apéro, à l'heure du thé, pour donner du croquant dans une salade, en dessert... ou offrir en cadeau.

310 ML (1 ¼ TASSE)
· 60 ml (¼ tasse) de sirop d'érable
· ⅛ à ¼ c. à thé de piment de Cayenne, d'Alep ou d'Espelette ou ½ c. à thé de curry de Madras (facultatif)
· 310 ml (1 ¼ tasse) de pacanes ou de noix de Grenoble
· ¼ c. à thé de sel

Préchauffer le four à 190 °C (375 °F). Couvrir une plaque de papier parchemin.
—
Dans un bol, mélanger le sirop d'érable et le piment si désiré. Ajouter les pacanes et bien les enrober. Les étendre sur la plaque sans les superposer. Saupoudrer de sel.
—
Cuire au four de 10 à 12 min jusqu'à ce que le sirop commence à brunir, sans laisser les noix brûler.
—
Attendre que les pacanes refroidissent avant de les détacher. Elles se conservent plusieurs jours dans un contenant hermétique.
—
Recette tirée du livre *À la di Stasio 3.*

DUKKAH

Un concassé de noix et d'épices, un mélange populaire en Égypte. Servir à l'apéro en trempette avec du pain et de l'huile d'olive, pour garnir l'hoummos, les œufs farcis (p. 36), la ricotta, la feta, un plat de riz ou de quinoa.

160 ML (⅔ TASSE)
· 2 c. à thé de graines de coriandre
· 2 c. à thé de graines de fenouil
· Graines de cumin, au goût
· 6 c. à soupe de graines de sésame rôties
· 160 ml (⅔ tasse) de pistaches, de noisettes ou d'amandes, rôties, mondées, hachées
· ½ c. à thé de fleur de sel ou de sel

Pour accentuer la saveur, on torréfie les graines. Les laisser refroidir avant de les broyer grossièrement au mortier, à l'aide d'un moulin à café ou en les écrasant avec le fond d'une petite casserole.
—
Dans un bol, mélanger tous les ingrédients. Transférer le dukkah dans un contenant hermétique.
—
Recette tirée du livre *À la di Stasio 3.*

LiMONCELLO

Pas vraiment un limoncello, puisque les citrons ne viennent pas d'Italie. N'empêche, cette vodka parfumée au citron fera VRAIMENT plaisir.

1,5 L (6 TASSES)
· 6 à 8 citrons biologiques si possible
· 1 bouteille de 750 ml (26 oz) de vodka
· 750 ml (3 tasses) d'eau
· 250 ml (1 tasse) de sucre

À l'aide d'un économe, prélever les zestes sans la partie blanche des citrons. Placer les zestes dans un bocal hermétique et verser la vodka. Laisser macérer environ 10 jours ou jusqu'à ce que les zestes aient transmis leur parfum à la vodka.

—

Dans une casserole, porter à ébullition l'eau et le sucre. Laisser bouillir environ 3 min ou jusqu'à ce que le sucre soit complètement dissous. Passer l'alcool à travers une passoire au-dessus d'un bol. Déplacer la passoire avec les zestes au-dessus d'un autre bol. Verser le sirop chaud sur les zestes pour en extraire le maximum d'arôme. Laisser tiédir.

—

Ajouter à l'alcool au moins 500 ml (2 tasses) de sirop. Goûter, sucrer davantage avec le sirop, si désiré. Bien mélanger avant de transvider.

Le limoncello se conserve au réfrigérateur. Servir dans de petits verres préalablement glacés au congélateur. Le limoncello s'accorde bien aux cocktails à base de jus de canneberge ou avec de l'eau pétillante.

VARIANTE

Pour une version plus corsée, remplacer la vodka par la même quantité d'alcool 94 %.

—

Recette tirée du livre *Pasta et cetera*.

SPRiTZ

L'apéro à la couleur d'un coucher de soleil vénitien… ça sent la fête !

1 VERRE
· 45 ml (1 ½ oz) d'Aperol
· 90 ml (3 oz) de prosecco ou de vin blanc
· Eau de Seltz ou soda club
· Glaçons
· 1 tranche d'orange (facultatif)

Avec le vin blanc : glaçon, Aperol, eau de Seltz, tranche d'orange si désiré.

—

Avec le prosecco : Aperol, et certains Vénitiens ajoutent de l'eau de Seltz.

—

Verser les ingrédients dans un verre et mélanger.

—

Note : L'Aperol a une couleur rouge presque fluorescente, c'est une boisson plus sucrée et plus douce que le Campari. Pour ce qui est des proportions, c'est vraiment une affaire de goût.

—

Recette tirée du livre *À la di Stasio 3*.

MOUSSE DE FOIES DE VOLAiLLE

625 ML (2 ½ TASSES)
· 360 g (¾ lb) de foies de poulet parés
· 1 ½ c. à soupe de vinaigre de vin blanc ou de cidre
· 360 g (¾ lb) de beurre froid
· 3 c. à soupe de vin cuit (porto, madère, xérès)
· ¾ c. à thé de sel
· Poivre du moulin
· ¼ c. à thé de piment de la Jamaïque moulu
· 125 ml (½ tasse) de figues séchées, hachées et trempées 20 min dans le porto ou le vin cuit (facultatif)

Dans une casserole, couvrir les foies de poulet d'eau froide, ajouter le vinaigre.
—

Faire pocher à feu moyen-doux, à frémissement, environ 5 min.
—

Retirer du feu, égoutter les foies, les éponger sur du papier absorbant. Dans le bol du robot culinaire, mettre les foies de poulet, le beurre, le vin choisi, le sel, le poivre, le piment de la Jamaïque et réduire en purée fine. Racler souvent les parois à l'aide d'une spatule.
—

Incorporer les figues si désiré.
—

Verser la préparation dans un bol ou en petites portions dans des ramequins. Elle se conserve au réfrigérateur jusqu'à une semaine. La mousse peut être congelée et, le moment venu, être dégelée au réfrigérateur.
—

Accompagner de tranches de pain brioché grillées, de croûtons ou de tranches de pommes.
—

Recette tirée du livre *À la di Stasio*.

TORTELLINI iN BRODO

4 PORTIONS
· 225 à 360 g (8 à 12 oz) de tortellini frais ou surgelés
· 1,5 l (6 tasses) de bon bouillon de poulet maison (p. 52) ou en conserve
· Jeunes épinards, persil italien haché ou feuilles de cresson
· Parmesan râpé
· Sel et poivre du moulin

Dans une grande casserole, cuire les tortellini dans de l'eau bouillante salée jusqu'à ce qu'ils soient très *al dente*. Égoutter.
—

Verser le bouillon dans la casserole, ajouter les tortellini et les épinards, porter à ébullition et réchauffer 1 min pour que les épinards soient juste tombés. Vérifier l'assaisonnement.
—

Au service, saupoudrer de parmesan.
—

Recette tirée du livre *Pasta et cetera*.

SAUCiSSON CHOCOLAT ET FIGUES SéCHéES

30 TRANCHES
- 120 g (4 oz) de chocolat noir (60 à 70 % de cacao)
- 3 c. à soupe de beurre
- 250 ml (1 tasse) de pistaches rôties hachées grossièrement, noisettes ou amandes
- 250 ml (1 tasse) de Rice Krispies
- 250 ml à 375 ml (1 à 1 ½ tasse) de figues séchées hachées
- 2 c. à soupe de sucre à glacer

Au bain-marie ou au micro-ondes, faire fondre le chocolat et le beurre.

—

Dans un bol, mélanger les pistaches, les Rice Krispies, les figues et le chocolat fondu.

—

Placer la préparation sur une pellicule plastique et façonner deux rouleaux d'au moins 18 cm (7 po) de long et 5 cm (2 po) de diamètre. Envelopper les saucissons en pressant et en serrant fermement pour éviter qu'ils ne s'effritent au moment de les tailler.

—

Réfrigérer 3 à 4 h.

—

Déballer les saucissons et les mettre dans un sac plastique avec le sucre à glacer. Secouer pour bien les enrober. Pour un meilleur effet, ficeler pour imiter l'aspect du saucisson et déposer sur une planchette en bois.

—

Découper avec un couteau à pain des tranches d'environ 1 cm (⅜ po).

—

Recette tirée du livre *Pasta et cetera.*

ROCHERS AU CHOCOLAT

24 BOUCHÉES
- 330 ml (1 ⅓ tasse) d'amandes entières ou en bâtonnets
- 100 g (3 ½ oz) de chocolat noir (55 à 72 % de cacao), haché finement
- Fleur de sel

Préchauffer le four à 150 °C (300 °F).

—

Déposer les amandes sur une plaque et les mettre au four jusqu'à ce qu'elles soient légèrement dorées (15 min pour les amandes entières ou 10 min pour les bâtonnets). Remuer à mi-cuisson. Hacher grossièrement les amandes entières.

—

Faire fondre les deux tiers du chocolat au bain-marie ou au micro-ondes. Hors du feu, ajouter le reste du chocolat et brasser jusqu'à ce qu'il soit fondu. Ajouter les amandes et mélanger pour bien les enrober.

—

À l'aide d'une cuillère, former de petits rochers sur une plaque tapissée de papier ciré ou parchemin. Parsemer de cristaux de fleur de sel le dessus des rochers. Laisser durcir.

—

Recette tirée du livre *À la di Stasio 3.*

CARAMEL à
TARTiNER
DE MOSTAPHA

Cette recette a fait et fera plein d'heureux.
Encore un grand merci à Mostapha Rougaibi.

5 BOCAUX DE 250 ML (1 TASSE)
· 500 ml (2 tasses) de sucre
· 125 ml (½ tasse) de sirop de maïs blanc
· 830 ml (3 ⅓ tasses) de crème 35 %
  à cuisson, chaude
· 360 g (¾ lb) de beurre salé en pommade
· 2 c. à thé de sel de Guérande ou
  de fleur de sel (facultatif)

Remplir le fond de l'évier d'eau froide.

—

Dans une casserole épaisse et profonde
de 5 l (20 tasses), mélanger le sucre et
le sirop de maïs.

—

Cuire le caramel **à feu moyen**, en remuant,
de 185 °C (365 °F) à 190 °C (374 °F) au
thermomètre à sucre.

—

Au besoin, retirer la casserole du feu.
**C'est l'étape la plus délicate. Soyez vigilant,
la température monte très rapidement.**
Aussitôt la température atteinte, déposer le
fond de la casserole dans le bain d'eau froide
pour en arrêter la cuisson.

—

Si la température est dépassée et que le
caramel est **trop** foncé, il n'y a rien à faire.
Il faut recommencer, car le caramel serait
trop amer.

—

Ajouter peu à peu la crème chaude
en remuant. ATTENTION !
CELA PEUT ÉCLABOUSSER.

—

La température baissera.

—

Poursuivre la cuisson **jusqu'à 107 °C (225 °F)**
en remuant.

—

Laisser **refroidir jusque entre
30 et 40 °C (86 à 104 °F).**

—

Incorporer le beurre en brassant
vivement à l'aide d'une cuillère en bois.
Ajouter le sel, si désiré et mélanger.

—

Remplir des bocaux et conserver
au réfrigérateur.

—

*Note : Faire du caramel est une question
d'habitude et de goût. Libre à vous
de varier la température du caramel
entre 185 °C (365 °F) et 195 °C (383 °F),
pour obtenir un caramel plus amer.*

—

Recette tirée du livre *À la di Stasio*.

LEXiQUE

CHIPS DE PiTA

- Pains pitas mini ou moyens
- Huile d'olive
- Sel

ASSAISONNEMENTS, AU CHOIX (FACULTATIF)
- Poivre, paprika, cumin, zaatar, sumac, chili en poudre, origan, thym frais ou séché, parmesan...

Préchauffer le four à 180 °C (350 °F).
—

Ouvrir les pains pitas en deux, badigeonner l'intérieur d'huile et saler légèrement. Assaisonner si désiré.
—

Laisser les pitas moyens entiers ou les empiler pour les couper en pointes.
—

Déposer sur une plaque et faire cuire de 6 à 7 min pour les minipitas et de 8 à 10 min pour les moyens, jusqu'à ce qu'ils soient bien croustillants et dorés.
—

Ces chips peuvent se préparer à l'avance et se conserver dans une boîte hermétique une semaine.

CROÛTONS

- 1 l (4 tasses) de pain, sans la croûte, en dés de 1,5 à 2,5 cm (½ à 1 po)
- 60 ml (¼ tasse) d'huile d'olive ou de beurre fondu et d'huile
- Sel et poivre du moulin

ASSAISONNEMENTS, AU CHOIX (FACULTATIF)
- Épices moulues (curry, graines de fenouil, romarin...), herbes ou huile infusée à l'ail

Préchauffer le four à 180 °C (350 °F).
—

Dans un bol, mélanger les croûtons et l'huile. Saler, poivrer et assaisonner si désiré.
—

Déposer sur une plaque à cuisson en un seul rang. Cuire environ 15 min ou jusqu'à ce que les croûtons soient dorés, en secouant la plaque à quelques reprises.
—

Les croûtons se conservent dans un contenant hermétique quelques semaines.

CROÛTONS DE BAGUETTE OU DE FICELLE

Préchauffer le four à 180 °C (350 °F). Couper le pain en tranches droites ou en diagonale. Déposer sur une plaque et cuire environ 15 min jusqu'à ce que le pain soit doré.

CROÛTES AU CHEDDAR

24 TRANCHES DE PAIN
- 2 c. à thé de graines de fenouil
- 2 c. à soupe de moutarde de Dijon
- Pain (baguette ou autre)
- 500 ml (2 tasses) de cheddar fort râpé

Au mortier, écraser grossièrement les graines de fenouil. Dans un bol, mélanger la moutarde et le fenouil.

—

Tailler la baguette en diagonale ou couper le pain en tranches minces, en carrés ou en rectangles.

—

Allumer le gril du four.

—

Disposer le pain sur une plaque et griller quelques secondes d'un côté seulement. Surveiller et tourner la plaque au besoin. Ces opérations peuvent être préparées à l'avance.

—

Juste avant de servir, badigeonner le pain du côté non grillé avec la préparation de moutarde et fenouil. Remettre les tranches sur la plaque et parsemer de fromage. Passer sous le gril quelques minutes, jusqu'à ce que le fromage soit doré.

NOIX

COMMENT LES RÔTIR
Déposer les noix sur une plaque et les faire rôtir au four préchauffé à 180 °C (350 °F) de 8 à 10 min (noix de Grenoble, noisettes, amandes entières, pacanes), de 5 à 7 min (pistaches), de 4 à 5 min (amandes effilées, pignons), en surveillant jusqu'à ce qu'elles soient dorées.

—

Pour éliminer la peau des noisettes après les avoir fait griller, on les frotte entre les mains ou dans un torchon.

POIVRONS

COMMENT LES PELER
Laver les poivrons, les éponger et les déposer sur une plaque. Cuire environ 40 min au four à 200 °C (400 °F) en les retournant à mi-cuisson, puis aux 10 min. Les poivrons auront ramolli et seront légèrement ratatinés. Mettre dans un bol et couvrir d'un couvercle. (La vapeur et la condensation ainsi créées aideront à faire décoller la peau.) Lorsque les poivrons sont tièdes, retirer le pédoncule, couper en deux, épépiner et peler. Peuvent se préparer à l'avance et se conserver 3 jours au réfrigérateur.

PANETTONE ET PANDORO

Pains briochés traditionnels souvent servis pendant les fêtes de Noël. Le panettone est une spécialité de Milan et le pandoro, en forme d'étoile, vient de Venise. Simples et légers, on les sert nature ou avec du beurre. C'est délicieux en toasts ou en pain doré pour le petit-déjeuner, en collation l'après-midi avec un bon café ou un bon thé, en fin de repas accompagnés d'un verre de fine ou de vin de dessert.

PâTE à TARTE DE MiCHELLE

Une bonne pâte, qui se travaille bien, de la pâtissière Michelle Marek.

1 KG (2 LB)
1 TARTE PROFONDE DE 25 CM (10 PO) COUVERTE OU
2 TARTES DE 20 CM (8 PO) COUVERTES

· 750 ml (3 tasses) de farine
· 2 c. à thé de sel
· 330 ml (1 ⅓ tasse) de beurre doux froid, en dés
· 160 à 180 ml (⅔ à ¾ tasse) d'eau froide

Dans le bol du robot culinaire, mélanger la farine et le sel. Ajouter les dés de beurre et actionner jusqu'à ce que le mélange ait une texture granuleuse. Ajouter l'eau froide graduellement et mélanger de nouveau par touches successives jusqu'à ce que la pâte forme une boule.

—

Diviser la pâte en deux tiers, un tiers pour une tarte profonde (p. 64) ou en deux parts égales pour les autres tartes couvertes. Abaisser deux cercles. Couvrir la pâte de pellicule plastique et réfrigérer jusqu'au moment de l'utiliser.

ROMARIN GiVRé

Tout simple, pour garnir vos desserts (p. 117) et vos glaces.

· 1 blanc d'œuf
· 12 petites branches de romarin frais
· 125 ml (½ tasse) de sucre

Dans un petit bol, fouetter le blanc d'œuf avec un fouet ou à la fourchette. Incorporer quelques gouttes d'eau. Avec un pinceau ou les doigts, enrober le romarin de blanc d'œuf. Mettre le sucre dans une assiette et bien enrober le romarin. Laisser sécher sur une plaque. Cette décoration se prépare à l'avance et se conserve à température ambiante quelques heures ou une journée au réfrigérateur.

Et puis tout plein de mercis… À Dominique, pour la très belle rencontre, ta générosité et ton grand talent. À Blake et Denyse, Stéphanie, *grazie*! Merci de votre présence charmante et de votre dévouement indispensable. À Mario, pour ta créativité et ta complicité. Sarah, Nathalie, Isabel et toute l'équipe d'orangetango, merci pour le très grand plaisir de danser de nouveau avec vous. À André, merci de trouver le mot juste. À Loulou, encore une fois mille mercis de ton aide précieuse. À mes goûteurs : ma famille, Chantal, André, Alex, Delphine, Jeanne, Robert, Josée, Nathalie, Françoise, Roger, Colette, Ginette, Elvia, Pierre, France et les autres. À Jules et Kiki, merci d'être venus jouer avec nous. À Lucie, Gérald, Giovanni, France, Anne, Loraine, Brigitte et toute la belle équipe d'*À la di Stasio*, merci de votre soutien. À mes invités, merci pour l'inspiration. À Marie-Claude et Patrick, merci de votre appui fidèle. À Louise Loiselle et la formidable équipe de Flammarion Québec, merci de croire en mes aventures littéraires… et de si bien m'accompagner. Pour nous avoir aidés à mettre la table : Arthur Quentin, À table tout le monde, Blake, m0851 pour les douces écharpes, Quincaillerie Dante. (Plus ce qu'on a trouvé sur nos tablettes…)

iNDEX

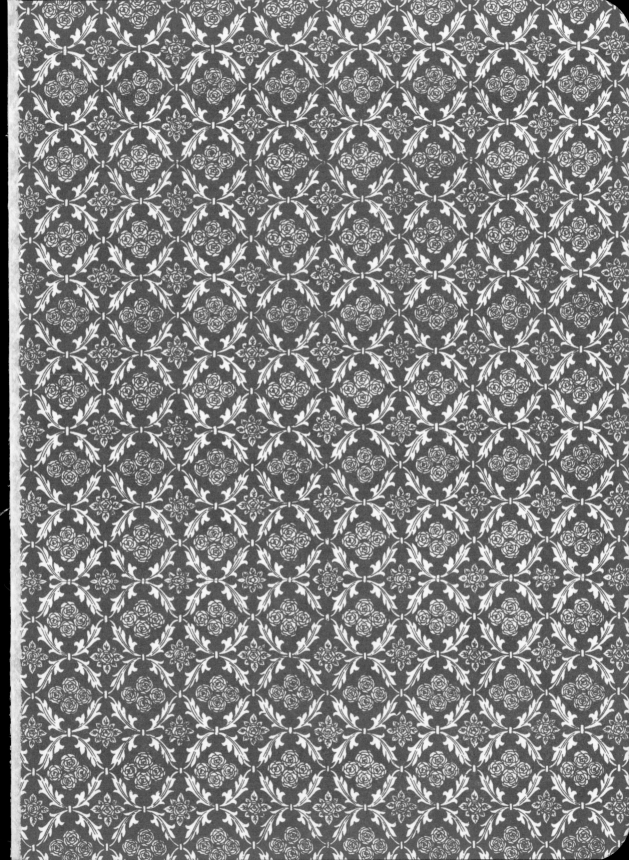